運動会の代替行事を作る
筑波オリンピック 2020

富浦遠泳の代替行事を作る
辰巳国際水泳場での遠泳大会

2部6年
「STEM＋学級総合」 プロジェクト

医療従事者への感謝のメッセージ

医療従事者に向けて感謝のメッセージのポスターを作成し、
病院に送る計画を立てる。グループごとに写真を撮る。

一人一人が「笑顔」という表題のメッセージを書き、
そのメッセージとグループごとの写真を模造紙にまとめて
ポスターにする。

黒板アートで表現する私たちの想い

3F講堂に上がる階段の踊り場の壁が傷んでいることに気づく。
何とかできないかな、という課題が生まれる。

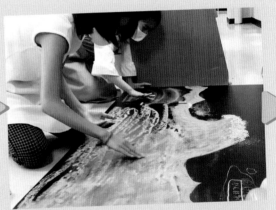

1年生の教室の飾り付けに用いた黒板アートを壁に飾り、
傷んでいるところが見えないようにするアイデアが出た。

投てき板リニューアル

30年以上前に設定された運動場にある投てき板。傷みが目立つ
ので、自分たちでリニューアルしたいという課題が生まれた。

特に傷んでいた板を張り替え、みんなで清掃し、下地に白い
ペンキを塗った。

総合活動の時間に、自分たちで考えたプロジェクトに取り組みました。
▶ 医療従事者への感謝のメッセージ
▶ 黒板アートで表現する私たちの想い
▶ 投てき板リニューアル

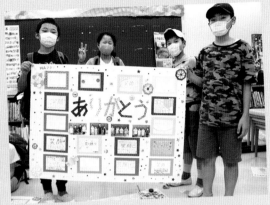

2枚のポスターが完成し、記念撮影。分散登校中に作成した。

筑波大学附属病院の正面玄関前に掲示された。
医療従事者の皆様、ありがとうございます。

絵を設置するための大工仕事も総合活動の一部。窓枠のところ
にぴったりはまるように板をのこぎりで切る。
電動器具を使ってねじで絵を取り付けた。

画題は新型コロナの影響でなくなった行事にし、私たちの
想いを表現することにした。写真は、「富浦遠泳でがんばる
6年生」である。

体育科の先生方と相談して決めたデザインにする。4クラス
のクラスカラーである黄、緑、紫、赤のペンキを4分の1
ずつ塗り、横に1本の白いラインを入れた。

数か月かけて完成したときの思いは格別であった。この投てき
板で体育の授業が行われたり、休み時間の遊びに使われたりし
たらと思う。身の回りの生活の改善が総合活動の目的である。

子どもが探究する算数の問題
──エレガントな解法を求めて

巻頭言
コロナ禍の子どもの心

昨年，3月から6月の初旬まで休校になった。子どもたちの心のケアをと思い，覚悟を決めてZoomによる「おはよう学級会」を毎日開催することにした。この感覚は，若かりし教員時代の思いに似ていた。がむしゃらに，とにかく何かできることをやろう，という気持ちである。

朝，画面越しに顔を合わせて「おはようございます！」の挨拶から始まった。学校から出ていた課題について，ブレイクアウトルームを使って話し合いをした。また，32人全員が順に自由研究や課題などの発表をした。オンラインによる発表はみんな初体験であった。誕生日の子がいると，チャットでお祝いの言葉を送った。合計38回に及んだ「おはよう学級会」は，思った以上に楽しく充実したのである。

夏休み明けからほぼ通常登校になり，感染対策を行いながらも，子どもたちと元気に学校生活を過ごす毎日が続いた。そんなあるとき，次のように言ってくる子どもがいた。ある日の放課後のことである。

「先生は，生まれ変わるとしたら，何になりたい？　人でなくてもいいよ」

どんな意図があるのかなと思い，返答に困ったが，とりあえず素直に，

「プロ野球選手になりたいなあ」

と少年時代の夢を答えた。それから，

「○○は何になりたいの？」

とその子に尋ねると，次のような返事があった。

「神様になりたい」

その言葉に一瞬たじろぎ，冗談かと思って笑って見せたが，その子の顔は真剣だった。いつも謙虚で思慮深い子どもから出た「神様」という単語をどう解釈してよいかわからず，自然に問い返していた。

「どうして神様になりたいの？」

「だってね，よく神様お願いしますって，祈ることがあるでしょ。でも，報われない人がいるよね。神様になって，本当に頑張っている人や困っている人を見て，願いを叶えてあげたいの」

そう言って，目に涙を浮かべた。6年生という思春期初期を迎え，自分自身の変化にも戸惑いながら，さらに大きな環境の変化に対応しようとする子どもの心を見た気がした。

一人の子どもの思いもよらぬ言葉や表情は，省みることを促してくれた。

このときまでに「おはよう学級会」もした，多くの行事の中止に対してその代替イベントを作ってきた。こんなにやってきたのだから子どもたちは大丈夫，と勝手に思い込もうとする自分がいたのではないか。

しかし，そうではなかったのだ。

人間の価値観を揺るがすような事態が起きた1年であった。より清らかな目で子どもを見つめなければならない。未来も過去もすべては"いま"の中にあると肝に銘じ，素直な子どもたちに寄り添いながら歩んでいきたい。

提起文

算数を探求する子ども

■1　私の問題意識

全国学力・学習状況調査によって児童の苦手な内容がわかってくると、それを何とかしようと考える。算数の指導が難しいと言われる内容の研究が盛んに行われている。その内容には、割合や単位量当たりの大きさ、分数など、様々な内容がある。

授業者は、例えば割合の考えを正しく身に着け、2量の関係を比較することができたか、2本の数直線図を用いて説明をすることができるか、といったことに意識を向ける。さらに割合について言えば、均質化の問題や比例関係が内在しているかといった教材論に花を咲かせる。そして、そのための手立てを実践的に研究し、子どもたち全員が「できた」となったとき、初めて達成感を得る。

しかし、子どもの側から見ると、2本の数直線と格闘して理解できるようになったとしても、「算数って面白い！」と感じたり、「算数ってすごい！」とそのよさを感じたりすることができるだろうか。子どもは、達成感を感じるだろうか。もちろん、意味がないわけではない。わからなかったことがわかるようになったという変容は、子どもにとって喜ばしいことである。

ただ、私は算数教育の問題点はここにもあ

ると感じている。子どもに、算数の面白さやよさを味わわせ、「算数って楽しい」、「もっとやってみたい」と感じさせる視点である。

子どもに興味・関心をもたせていないのに、先生がこだわっているところを繰り返し説明させたり、繰り返し練習させたりするのは、その視点が欠けているのだ。

先生が考えた筋道や道具を使って理解させる世界に留まらず、算数の面白さやよさを味わわせ、感動する経験をさせてあげたい。それが、その後も数学を始め多くの学問と接する子どもたちの精神的な糧になると信じている。

■2　ある子どもの姿に学ぶ

■1のような問題意識は、子どもの姿に学んだものである。

クラスに元気のよいある子どもがいた。本校では珍しく高学年になっても塾に通わず、自学をして頑張っていた。毎朝1時間勉強してから学校に来る。特に算数が好きで、授業に一生懸命取り組んでいた。

5年生の割合の単元に入ったときのことである。私自身、研究会で学んだようにもっている割合に関する指導の知識を総動員して単元を展開した。ところがあるとき、その子ど

エレガントな解法を求めて

もがこんなことを呟いた。

「先生，面白くない。もっと面白い問題をやろうよ」

ちょうど2本の数直線を使って割合にあたる量を求める方法を説明しているときだった。その子どもは，割合の問題自体にさほど面白さを感じていなかった。また，いつも同じような図をかいて，比例関係等を使って説明するワンパターンな授業にあきていた。それは，その子どもだけでなかった。教室のどんよりとした雰囲気を感じた。

そのときにつくづく思った。私自身が割合の授業の展開にこだわっている。自分が学んだことを試し，自己満足したいがためにやっている部分があるのではないかと。

3 エレガントな解き方を求めて

そこで，子どもが算数のよさや面白さを味わうことができる授業をもっと意識しようと考えた。

それは，よい問題（教材）の解決に対して，数学的な見方・考え方を働かせ，美しい解決方法について吟味し，問題を探究するような子どもの育成である。背後にある数学を感じさせたい。

先日，東急線の電車に乗っていて，「SALUS」というフリーマガジンを手にした。その最後のページに，大学時代の恩師で御年86歳になられる理論物理学者の佐治晴夫先生の連載エッセイを見つけた。その文章の一部を引用する。

"新緑のまばゆいばかりの光が差し込む昼下がりの講義室，鉛筆と消しゴムの音だけが響いています。昭和28年（1953年），大学1年生，数学演習室で，ふと背後に人の気配を感じて振り向こうとしたそのとき，「美しい解き方ですね」，教科書の中でしか名前を知ることができなかった有名な数学者の声がしました。銀縁の丸い眼鏡の奥で，鋭いけれども温かいまなざしが笑っていました。美しい？……とはどういうことなのか，いまだに問い続けているテーマとの出会いでした。そして，先生の講義を受けているなかで，先生が言われた "美しい" とは，単純明快で無駄がなく，日本の伝統文化の根源でもある守破離の調和がとれた解き方のことだと気づきました"

（「SALUS」Oct. 2020. Vol. 235，p.32.）

私はときどき，子どもたちの前で「エレガント」という言葉を使うことがある。佐治先生が述べられたような単純明快な解き方に触れたときによく使うようにしている。

子どもたちも次第に慣れてきて，自分の感性を軸とした「エレガント」と向き合うようになってきた。

算数の問題解決の仕方における，美しいとかエレガントの明確な定義をすることは置いておき，子どもがどんな解き方に感動し，心動かされるかに興味をもっている。

本特集は，子どもたちとの日々の実践の中で，エレガントな解法を求めて探究した様子を綴ったものである。実に楽しい時間であったと思うし，これからもそのような算数を創っていきたいと切に願っている。

紙を折り返してできる角の問題の探究

（6年）

1 直角を折ってできる2つの角の考察

　三角定規と同じ30°，60°，90°の直角三角形を作図して，はさみで切り取る作業をした。そして，図1のように直角の部分を適当に折った図形を見せた。

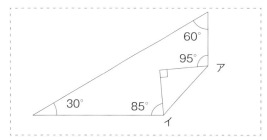

図1

　そして，アの角度は95°，イの角度は85°と伝えた。同じように図2のように折った図形も見せて，

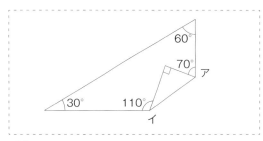

図2

「このように折ったら，アの角度は70°，イの角度は110°でした」
と話した。その後は，子どもたち全員に直角三角形の紙を配付して，同じように直角を内側に折り，アとイの位置の角度を測ってみるように伝えた。

　子どもたちは，実際に折って測り，「これって，どんな折り方をしても，合わせた角度が180°になるんじゃない？」
と言い出した。そこで，子どもたちの測定した角度を発表してもらった（図3）。
「68°と112°です」
「38°と142°です」

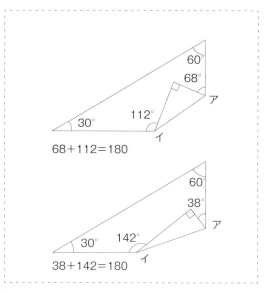

図3

　データを集めると，多少の誤差はあるものの確かにアとイの位置の角度の和は180°になるように見えた。
「どうも180°になりそうだね」

エレガントな解法を求めて

と言うと，子どもたちからは生返事が返ってきた。見ると，すでに友だちと話したりしながら，どうして180°になるのかを考えていた。

その様子を見て，

「なぜ，どんな折り方をしてもアとイの位置の角度の和は180°になるのかな」

と板書した。しばらくして，

「わかった！」

と言って喜ぶ子どもが現れた。話を聞いてみると，その子どもたちの目のつけところが面白かったので，それを他の子どもたちにヒントとして言ってくれるようにお願いした。

「こっちの図形を見てください」

こう言って，折り返した部分ではない部分の図形を指でなぞって見せた。

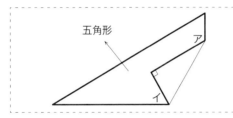

図4

それを見た子どもたちは，

「1，2，3，4……，あっ五角形だ！」

と言った。この五角形に着目することを理解し，それから少し考える時間をとると，

「そうか，なるほど。わかったよ！」

と席を立って興奮する子どもが現れた。そういった子どもたちの様子を見て，挙手をした子どもに，図を使って説明をしてもらった（図5）。

「五角形の5つの角の和は，180×3＝540で540°でしょ。この2つの角は，30°と60°です。

ここは，360－90＝270だから270°です。3つの角の和は，30＋60＋270＝360で360°です。ということは，540－360＝180になるから，残りの2つの角は180°になります」

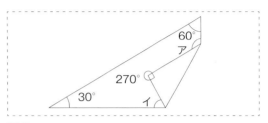

図5

「でも，なんで折り方を変えてもいつも180°になるのかな」

とゆさぶり発問をしてみたが，

「五角形の5つの角のうち，3つの角は，いつも30°，60°，270°でしょ。だから，残りの2つの角の和は絶対180°になるよ」

と反論が返ってきた。

ここで，しっかり理解するために，ペアを作って自分の言葉で説明しあった。しかし，そのとき，

「他の考えがあります！」

と言って手を挙げる子どもがいた。そこでどんな考えをしたのか，その子どもの席に見に行くと，素晴らしい見方であることがわかったので，やはりみんなにヒントを言ってもらうことにした。その子どもは，

「折る前の形を描いておきます」

と言って描き足し（図6），

「こことここの角に注目してください」

と言った。こことここの角度は，それぞれ直線で180°を表していた。今度はそれを見て，みんなで別の解法を考えることにした。

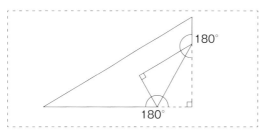

図6

着眼点がわかると, 子どもたちの考えは進んだ。問題解決の際は, このように「見方」をヒントにすることが重要だと思う。しばらくして, 多くの子どもたちがわかってきたので, 発表してもらうことにした。

「こことここの角は, 折ったから等しいです。両方とも○○としておきます。こっちも同じ角度だから××としておきます」

ここまで話したときにいったん止めて, 図をみんなで観察した (図7)。

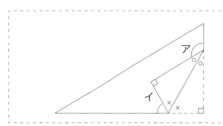

図7

「このことから何かわかることはないかな?」と問うと, ある子どもが,

「○+×=90°です。直角三角形の直角は90°で, それ以外の角が○と×だから, 180－90＝90で, 90°ということになります」

と答えた。別の子どもは,

「四角形の4つの角の和は360°でしょ。360－90×2＝180だから, ○+○+×+×＝180°です (図8)」

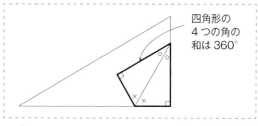

図8

こんな話をしている途中に,

「わかった!」

という子どもが現れたので, その子どもの話を聞くことにした。

「この2つの角を合わせると360°になるよね (図9)。360°からこの○○と××を引くと, アとイの角になるのはわかる?」

この問いかけにみんな頷いた。

「○○と××の合計が180°だから, 360－180＝180でアとイの和は180°になります」

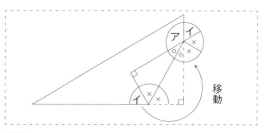

図9

この説明を聞いて,

「おー」

といった声が上がった。同じように考えた子どもも何人かいたが, 共通理解をするために, ペアを作って自分の言葉で友だちに説明する活動を行った。

2 60°の角を折ってできる2つの角の考察

次の時間, 前時に扱った30°, 60°, 90°の直角三角形を次のように折って見せた (図10)。今度は60°の角を折ったのである。

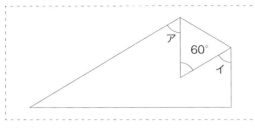

図10

「今度は60°の角をこのように適当に折ります。この2つの角をアとイとすると，アとイの角度の和はいくつでしょうか」
と問うた。すると，すぐに
「また180°じゃない？」
「そうだよ。きっと180°のきまりになると思う」
「えっ，でもちょっと180°なさそうだよ」
といった声も聞こえた。そこで，前時と同じように実際に一人一人が直角三角形の紙を折って確かめてみることにした。すると，
「120°になる！」
という声が教室のいたるところから聞こえ始めた。何人かの子どもに折った図を見せてもらった。

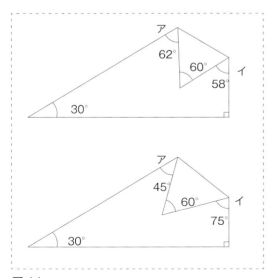

図11

180°ではなく120°になったことに驚きながらも，子どもたちは，なぜ120°になるかを考え始めていた。黒板に，
「なぜ今度は120°になったのかな？」
と書いた。
「五角形を見ればわかるよ！」
といった声が上がったので，まずはその考えから発表してもらった。
「五角形の5つの角の和は540°だったよね。そのうちここは30°，ここは90°，ここは360－60＝300だから300°になります。だからア＋イは，540－（30＋90＋300）＝120で120°になります（図12）」

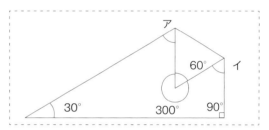

図12

この話を聞いて，次のように前と比較する子どもがいた。
「直角を折った時は，540－（30＋60＋270）＝180だったよね。540から引く数が60°分増えたから，ア＋イが60°分減ったんだと思います」

この説明で60°の角を折った時のアとイの角度の和が120°になることがよくわかった。このとき，
「○○××の考えでやりました」
と言ってくる子どもがいた。この表現でどう考えたか想像がつく子どもが多かった。
「○○××の考えってどういうことかな？」

と問い返して，みんなで考える時間を作った。

そして発表してもらった。

「この2つの角を合わせると360°になるよね（図12）。360°からこの○○と××を引くと，アとイの角になります。○○と××の合計が240°だから，360－240＝120でアとイの和は120°になります」

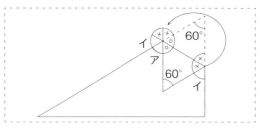

図12

○＋×が120°になる説明もあった。三角形の3つの角の和が180°だから，180－60＝120で120°という説明である。ここで，次のように子どもたちに問うてみた。

「60°の角は，どんな折り方をしてもアとイの和は120°なのかな？」

すると，ある子どもはこう言った。

「そうだよ。だって，五角形の30°と90°と300°は変わらないから（図13）」

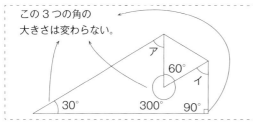

図13

3 30°の角を折ってできる2つの角の考察

このとき，次のように話し始める子どもがいた。

「先生，次は最後に残った30°を折るんで

しょ」

「今度は60°になるんじゃない？」

この言葉を聞いて，次のように問い返した。

「えー，○○さんは30°の角を折り返したら（図14），両側のアとイの角の和が60°になるんじゃないかと言っているけど，どうして60°と思ったのかな？」

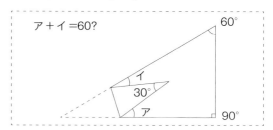

図14

一人の子どもの発想をみんなに考えてもらうようにした。ペアを作って話し合った後に発表をしてもらった。

「90°の角を折ったらア＋イは180°，60°の角を折ったらア＋イは120°，折った角の2倍の角度になっているので，30°の角を折ったら，30×2＝60で60°と考えたと思います」

このような説明を聞いて，最初に60°と言った子どもは頷いていた。

それから実際に30°の角を折って確かめてみた（図15）。

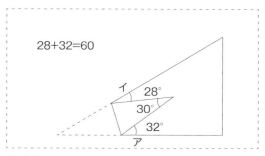

図15

「やっぱり60°だね」

エレガントな解法を求めて

測定してみる子どももいたが，すでに演繹的に考えようとしている子どもがたくさんいた。

「では，どうして30°の角を折ると両側の角の和が60°になるのか説明できる人はいますか？」

この発問には，ほぼ全員の子どもが挙手をすることができた。今までの90°や60°の角を折った場合と同じように説明すればよかったからである。視点は2つであった。

・角を折った時にできる五角形に着目してア＋イの角を求める。

・ア＋○＋○＝180°，イ＋×＋×＝180°
ア＋イ＋○＋○＋×＋×＝360°と見てア＋イの角を求める。

この2つの視点から，みんなで30°の角を折った場合のアとイの角の和が60°になることを説明した。

4 なぜ（ア＋イ）は，折った角の2倍になるのか

3時間目には，次のことを考えた。子どもたちが見つけたことであるが，下表のように，なぜア＋イは，折った角の大きさの2倍の大きさになるのかという問いである。

折った角の大きさ	30°	60°	90°
ア＋イ	60°	120°	180°

この問いについては，
「今までの考え方の中にヒントがないのかな」と投げかけて，見直すように促した。

すると気が付く子どもがいた。

「わかった！　だから2倍になるんだ」

その子どものところに行って話を聞くと，よく理解できていたので，着目するところをヒントとして言ってくれるようにお願いした。その子どもは次のように言った。

「この四角形の360°とこの180°を2つ合わせた360°を比べてみます（図16）」

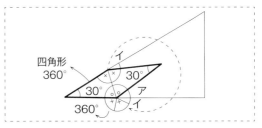

図16

これをよく見て気が付く子どもが増えていった。

「そうか！」「今までこの180°をくっつけて，
ア＋イ＋○＋○＋×＋×＝360と見ていたよね。この四角形も360°だから，30＋30＋○＋○＋×＋×＝360になります」

「そうかあ。だからア＋イ＝30＋30，つまりア＋イ＝30×2，なんだね」

「ア＋イは30°の2倍になるんだ！」

この見方は，とてもわかりやすかった。なぜ折った角の2倍になるかを明快に説明したのである。

子どもたちは，この考えにならって，60°や90°の角を折った場合でも，ア＋イがどうして2倍になるかを説明した。

最後に子どもたちは，ア＋イの大きさを求めるなら五角形に着目する考え，なぜ2倍になるかを説明するなら360°に着目した考えがよいと判断した。

問題 2

半円とおうぎ形の問題の探究

（6年）

1 半円とおうぎ形の面積

「2つの図形を見てください（図1）」

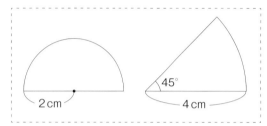

図1

「半円とおうぎ形だ」

とすぐに言う子どもがいた。そこでまずそれぞれの図形の面積を問うた。すぐに計算を始めた子どもたちは，両方とも6.28㎠で面積が等しいことがわかった。

次にこの2つの図形を使って，他の問題を作って見せた。

「この2つの図形をこのように重ねます。重なっていない部分はどこかな？」

こう問うと，子どもたちは図形をよく観察した。そして，次の部分だと答えた（図2）。

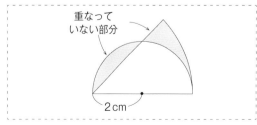

図2

2 重なっていない部分の面積は同じか？

「この重なっていない部分を使って何か問題ができないかな」

と聞いてみた。しばらくして

「はみ出ている部分って同じ面積だよね」

と言い始める子どもが現れた。

「えってどうして？」

と返す子どももいる。そこで，まず，

「この2つの図形AとBの面積は同じかな？（図3）」

という問題を考えることにした。

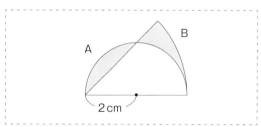

図3

ペアを作って話し合う時間をとった。子どもたちの議論を聞いていると，2つの方向があった。1つは，重なっていないそれぞれの部分の面積を求めて比較しようという考え。もう1つは，面積を求めなくても，論理的に考えて同じであることを言おうとする考えであった。そこで，子どもたちに次のように言った。

「教室をまわってみたら，面積を求めていな

いのに同じと考えた人が何人もいますね。どう考えたのかな」

そして，もうしばらく考える時間をとってから発表してもらった。

「半円とおうぎ形は同じ面積でしょ。重なっている部分は同じだから，重なっていない部分も両方同じでないと，半円とおうぎ形が同じ面積になりません」

「重なっている部分＋重なっていない部分は，半円であり，おうぎ形です。だから，重なっていない部分は，形が違っても面積は同じです」

このような説明を聞いて，みんな納得した。

「論理的で，いい考えだったね。他の考えをした人はいますか？」

「はい，面積を求めて比べました」

「でも，どうやって面積を求めるの？　難しくない？」

このようなやりとりが続いた。面積を求めるのは難しい，という印象を持っている子どもが多かった。そこで，できた人に，

「何かヒントを言ってくれないかな？」

と問いかけた。すると，1本の補助線を入れて（図4），こう言ったのである。

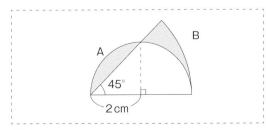

図4

「ほら，葉っぱの面積のときにこんな考えが出たじゃん」

この言葉について，

「葉っぱの面積のときってどんなの？」

と問い返した。すると，理解を示した他の子どもが黒板に書いて説明した（図5）。

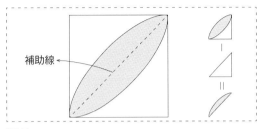

図5

「4分円から直角三角形の面積を引いたら，葉っぱの半分になったでしょ」

「あー，そうかあ」

と教室に共感が広がっていった。この見方によって，次のような式でAの面積を求めることができた。

・$2 \times 2 \times 3.14 \div 4 - 2 \times 2 \div 2 = 1.14$

「でも，Bの面積はどうやって求めるの？」

素直に困っていることを呟く子どもたち。その言葉を拾いながら授業を展開した。

「そうだよね。こんな形の面積の公式はないから，これも工夫しないと求められないね」

そこで，次のように発問した。

「このおうぎ形に着目してね。Bの部分でなくてもいいから，どの部分の面積だったら求めることができる？」

すると，次のように話す子どもがいた。

「この三角形だったら，求められるよ」

「底辺が4cmで高さが2cmだから，$4 \times 2 \div 2 = 4$，4㎠です」

ここまで来たとき，

「そうか，わかった！」

と大きな声を出した子どもがいた。どうした
のか聞いてみると，

「三角形の部分と，葉っぱの半分が分かるから，
全体のおうぎ形から引けばいい！（図6）」
と見えたことを伝えてきた。

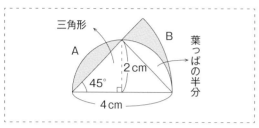

三角形

葉っぱの半分

A B

2cm

45°

4cm

図6

　このような過程で，Bの面積を次のように
求めた。

・$4×4×3.14÷8-(4×2÷2+1.14)=1.14$

　その結果，やはりAとBの面積は同じこ
とがわかったのである。この時，子どもたち
に「どちらの考えの方がよかったですか」と
尋ねると，ほとんどの子どもが面積を求めて
比較するのではなく，論理で説明する方を選
んでいた。

3　半円を動かした面積

　次の時間，発展させた問題を出した（図7）。
「半円を45°動かしたとき，色がついた部分の
面積を求めましょう」という問題である。

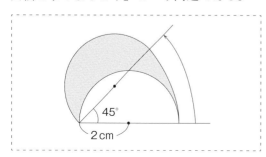

45°

2cm

図7

「問題を見て，どんな感想をもっています

か？」
と聞くと，

「難しそう」
という言葉が返ってきた。確かにこんな三日
月のような形の面積の公式は学習していない。

「先生，でも，昨日の学習がつながっている
でしょ。おうぎ形が見えれば大丈夫だと思い
ます」
といった言葉もあった。「○○が見えれば」
という言葉がいい。

「そうだね。昨日の半円を使って問題を作っ
たのだから，昨日の図形の見方を参考にして
考えたらよさそうだよね」
と言って考える時間をとった。すると，

「あっ，わかったー！！」
と大きな声をあげて一人の子どもが飛び跳ね
た。嬉しさがその様子にあふれていた。その
後，ペアで交流の時間もとった。みんな楽し
そうに，そして真剣に議論をしていた。それ
から発表に入った。

「見て回っていたら，多くの人が図の式を書
いていたよ。それをまず黒板に書いてもらお
うかな」

　こう言って一人の子どもに板書してもらっ
た（図8）。

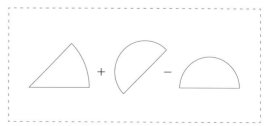

＋　　－

図8

　この式を見て，

「なるほどー。考えがよくわかる」

とみんな納得した。他の子どもに説明してもらった。

「この図形全体は，このおうぎ形と半円をたしたものです。そこから半円を引けば，求めたいところの面積になります」

「ということは，結局，おうぎ形の面積ということか」

この最後の発言に対して問い返した。

「結局おうぎ形の面積ってどういうこと？」

「だってこの式をみるとわかるよ。半円が打ち消されて，おうぎ形だけ残るでしょ（図9）」

消される。

図9

この考えは，式からも説明された。

$4×4×3.14÷8+2×2×3.14÷2-2×2×3.14÷2$

$=4×4×3.14÷8$

$=6.28$ <u>6.28 ㎠</u>

次に別の方法が発表された。

「ほら，AとBの面積は同じだったでしょ。だったら，このBの部分をAに移動させれば，面積を求める形は半円になります（図10）」

この説明を聞いて，全員が理解をすることができた。それは，AとBの部分の比較を前時に学習しており，その見方を身につけていたからである。

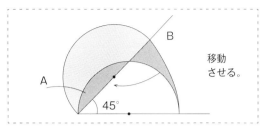

移動させる。

図10

いわゆる等積変形を行い，求積公式が使える形にするという考えであった。

次に，このような考えをする子どももいた。

黒板に図がかけないということで，自分がコンパスなどを使ってかいたノートを見せてくれた（図11）。美しい模様であった。

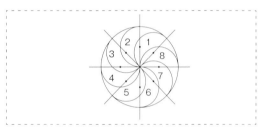

図11

その図をみんなにコピーをして見せて問うた。「どうやって面積を求めたかわかるかな？」

しばらくペアで話し合いをしてもらってから考えを聞いた。

「これは，半円を1周するまで45°ずつ回転させていき，8つの三日月のような図をつくりました。それで，円ができています。その円を8等分すれば，1つ分の三日月の面積が出ると思います」

それから式も発表された。

$4×4×3.14÷8=6.28$ <u>6.28 ㎠</u>

この発想を喜ぶ子どもたちが多くいた。みんながとてもエレガントな方法と認めたやり方であった。

問題 3

２つの直角三角形に関する問題の探究

（6年）

1 台形の面積からのスタート

「この台形の面積は何cm²ですか（図1）」

しばらく計算する時間をとった後に発表してもらった。

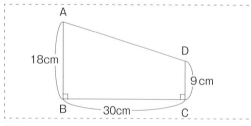

図1

「（ 9 ＋18）×30÷2＝405だから，405 cm²です」

そして，次のように問題を出した。

「辺 BC 上に点 E をとって，三角形 AED を作りました。この三角形の面積は180 cm²です。さて，EC の長さは何 cm でしょうか（図2）」

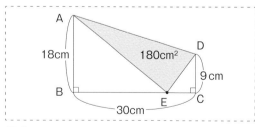

図2

この問題をノートに写したら，早速子どもたちは，自力解決に入った。ほとんどの子どもが両側の直角三角形2つ分の面積を求めてから考えているようだった。そこで，その様子を実況中継した。

「今，どう考えているか，回ってみさせてもらっているけど，両側の直角三角形の面積の合計を出してから考えている人が多いね」

と言った。そして，

「では，誰か直角三角形2つ分の面積を教えてくれる？」

と尋ねた。そしてある子どもに発表してもらった。

「405－180＝225だから，225 cm²です」

このことを板書し，まだ手がつかない子どもたちへのヒントとした。

2 試行錯誤する子どもの姿

いろいろな考えの子どもが見受けられたが，中には試行錯誤している子どもがいた。「試行錯誤」という解き方は，算数では価値のある解決方法であることは，今までの算数の学習で学んできている。

「試行錯誤しながら解決に向かっている人がいるね。どうやっているか教えてくれる？」

すると，ある子どもが次のように考えを述べてくれた。

「点 E の位置を点 C の位置から左に 4 cm のところに適当にとってみました。すると，直角三角形2つの分の面積は，18×26÷2＋9×4÷2＝252になりました。

次に，左に 5 cm のところにとると，

$18 \times 25 \div 2 + 9 \times 5 \div 2 = 247.5$ になりました。

1 cm 左にずらしたら，4.5 ㎠減ったので，<u>あと22.5 ㎠減らして225 ㎠にするには，何cm左にずらせばいいかを考えています（図３）</u>」

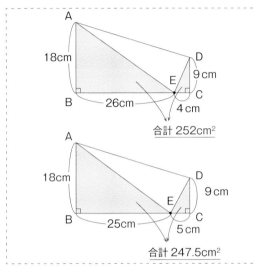

A

18cm

D

9 cm

E

B

26cm

C

4 cm

合計 252cm²

A

18cm

D

9 cm

E

B

25cm

C

5 cm

合計 247.5cm²

図３

　これを聞いていた子どもが，

「あと何cmずらせばいいかわかった」

と乗ってきた。試行錯誤の方法を理解したのである。そこで，みんなに振った。

「では，みんなで考えてみようか。あと左に何cm点Eをずらせばいいか，その理由も考えてみよう」

　この問いについては，ペアで話し合って考えてもらった。そして，ある子どもたちが説明した。

「 1 cmずらすごとに4.5 ㎠面積が減るということは，$22.5 \div 4.5 = 5$ だから，あと5 cmずらせば22.5 ㎠面積が減ると思います」

　これを聞いて，他の子どもたちは，

「最初に5 cmずらしているから，$5 + 5 = 10$，点Cから10 cmずらしたところに点Eがく

ると思います」

とフォローした。その説明に対して，

「本当にあっているのかな？」

とわざととぼけたふりをすると，

「じゃあ，確かめてみようよ」

と言って計算してくれる子どもがいた。その計算を発表してもらった。

「$18 \times 20 \div 2 + 9 \times 10 \div 2 = 225$ だから，合っています」

　このように検証した。このことから，ECが10 cmであることがわかった。

3 直角三角形➡長方形を連想して

　次の時間に，他の考えを発表してもらった。

　その子どもは，下のような図をかいた（図４）。

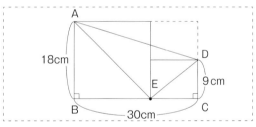

A

18cm

D

9 cm

E

B

30cm

C

図４

　これを見ていた子どもが，

「長方形がいっぱいできたね」

と呟いた。このあと，これで何を説明しようというのだろうか。そこで，

「○○さんは，この図でどんな説明をしようとしているのか考えてみようか」

とみんなに投げかけた。

　しかし，なかなか他の子どもたちはピンとこなかった。

「この図の中のどこに目をつけてECの長さを求めるの？」

と着眼点をさらに求めた。すると，

「この長方形です」

といってある形を指さした（図5）。

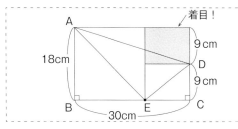

図5

これを聞いて，子どもたちに問うた。

「この長方形を見れば，ECの長さが分かるのかな？」

すると子どもたちは，次のように話し始めた。

「その長方形の横の長さがECにあたります」

「縦は9cmだから，あと長方形の面積がわかれば横の長さが求まるのにね……」

このとき，

「あっ，そうか。面積，わかるじゃん」

と長方形の面積が見えたこどもが現れた。

そこで，着眼した「長方形の面積が何cm²か」に絞ってみんなでしばらく考えることにした。

子どもたちは，のびのびと友だちと意見を交換しながら問題解決を楽しんでいる様子だった。それから発表してもらった。

「2つの直角三角形の面積の合計は，225cm²です。この2つの長方形は，その2倍だから，$225 \times 2 = 450$で450cm²になります。大きな長方形の面積は，$18 \times 30 = 540$で540cm²です。だから，$540 - 450 = 90$でこの長方形の面積は90cm²になります（図6）」

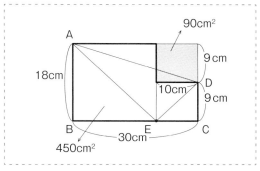

図6

みんながこの説明により，90cm²に納得した。この後，どうやって長方形の横の長さを求めるかを問うたら，たくさんの子どもたちが挙手をした。一人の子どもを指名すると，

「$90 \div 9 = 10$だから，横の長さは10cmです」

と説明してくれた。すっきりしたところで，この発想をした子どもに尋ねた。

「どうしてこんな考えを思いついたの？」

すると，その子どもは次のように話しました。

「直角三角形を見たときに，2つ組み合わせた長方形を思いつきました。なんかできないかな，と思って考えていました」

4 等積変形を活かして

子どもたちから，また他の考えも登場した。

「私は，この三角形に着目しました」

どこに着目するか，ということを授業でいつも話題にしていると，子どもたちの方から「着目する」という言葉が出てくるようになった。

その子どもは，まず，210cm²の三角形AEDを図7のように分割した。そして，点Fをとったのである。四角形FECDが長方形になるように点Fをとっていた。

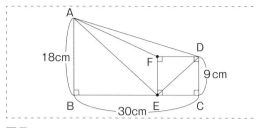

図7

　図を見ると，三角形 AED は，３つの三角形に分割されていた。三角形 AFD，三角形 AFE，三角形 FED である。

　ここからその３つの三角形をどのように見たかについては，他の子どもたちも想像がつかなかったので，その子どもが途中まで説明した。

「三角形 AFE は，辺 FE を底辺に見ると，高さが同じなので，三角形 BFE と同じ面積になります」

　辺 FE を底辺に見ると，高さが等しいと言ったが，高さは BE の長さにあたる。図形の多面的な見方が必要だった。このことは，ペアで話し合いながら，丁寧に理解していった。

「次に，三角形 FED は，辺 FE を底辺に見ると，高さが同じなので，三角形 FEC と同じ面積になります」

　これらの説明から図8のように，三角形 AFE と三角形 FED は，三角形 FBC に等積変形されたことになる。

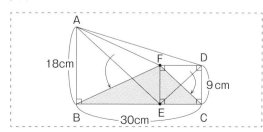

図8

　さらに，説明は続いた。

「三角形 AFD は，辺 FD を底辺と見ると，<u>高さが同じなので</u>，三角形 CFD と同じ面積になります。そうすると，三角形 AED は，台形 FBCD と面積が同じことがわかります（図9）」

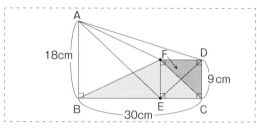

図9

　三角形 AED を台形 FBCD に等積変形する考えであった。ただ，どうして三角形 AFD と三角形 CFD の高さが同じなのかについては，子どもに問い返し，より丁寧な説明が大切である。

　そういったことを理解するために，やはりペアによる説明活動は欠かせなかった。

　ここで，次のように発問した。

「ところで，これでどうして EC の長さが分かるの？」

　これに対して，しばらく時間をとって考えてもらってから発表してもらった。

「台形の上底 FD を $x$cm とすると，次のような式ができます。$(x+30) \times 9 \div 2 = 180$」

「この x を求めると，$x=10$です。だから，FD と同じ長さの EC も10 cm とわかります」

　この等積変形の見方もすごいが，今回の問題の解法で最もエレガントとして認められたのは，長方形にする考えであった。簡単でシンプルという感想が多かった。

問題 **4**

長方形の紙を折る問題の探究

（6年）

1 長方形の対角線で紙を折ってできる問題

たて12 cm，横18 cm の長方形の紙を配付して，「長方形の紙を対角線で折ってみましょう（図1）」と指示をした。

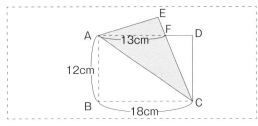

図1

ここで，対角線で紙を折るある方法をご紹介しておく，子どもたちには教えていた。

【長方形の紙を対角線で折る方法（図2）】

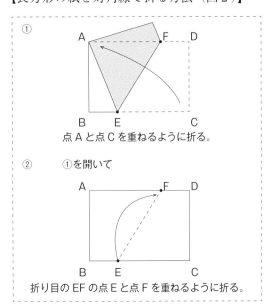

① 点Aと点Cを重ねるように折る。

② ①を開いて

折り目の EF の点 E と点 F を重ねるように折る。

図2

さて，折った結果，重ならない部分が出てくる。そこで問題を出した。

「重ならないで飛び出している三角形 AEF（図3）の面積を求めましょう。このとき，AF の長さは13 cm とします」

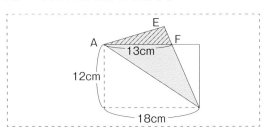

図3

2 悩む子どもの気持ちに寄り添う

しばらく時間をとったが，首をひねる子どもが多かった。

「どんなことに困っているの？」

と問いかけると，

「辺 EF の長さがわからない」

と言った。そこで，

「どうして辺 EF の長さが知りたいの？」

と尋ねると，次のような説明が返ってきた。

「長方形の紙を折ったから角 E は直角でしょ。だから，三角形 AEF は直角三角形です。辺AE の長さは……」

と言った瞬間，説明を止めて問うた。

「○○さんは，辺 AE の長さを言おうとしたよね。辺 AE の長さは何 cm でしょうか。ぺ

ァの人と話してごらん」

こう言って，確実に全員が授業に参加し，辺 AE の長さを考えることができていることを確認した。

「ではみんなで言ってみよう。せーの」

「12 cm！」

「どうして12 cm とわかるの？」

「だってこの辺 AE は，辺 AB を折ってできたからです（図4）」

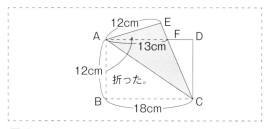

図4

このように授業は展開された。○○さんは，あと辺 EF の長さが分かれば三角形 AEF の面積を求めることができることを話した。

そこで次のように子どもに発問した。

「では，どこの長さなら分かるの？」

「辺 EC は18 cm だよ。ここは辺 BC を折ってできた辺だからです」

このとき，次のように話す子どもが現れた。

「AF と FC は同じ長さじゃないかな。三角形 ACF は二等辺三角形に見えるから」

「もしそうなら，辺 EC が18 cm だから辺 EF は，18－13＝5で5 cm になるよね」

「三角形 AFC は絶対に二等辺三角形だよ。だって……」

ここで説明を止めてもらい，みんなで三角形 AFC が二等辺三角形になる理由を考えることにした。

3 二等辺三角形になる理由を考える

辺 AF と辺 FC が等しいことを言いたいのだから，底角が等しいことを理由にする必要があった。ペアで話し合った後に発表をしてもらった。

「折り返したから，こことここの角は同じでしょ（○の記号を書く）。長方形だから辺 AD と辺 BC は平行です。だから，こことここの角は，錯角で同じだよね（○の記号を書く）。三角形の2つの角が同じなので三角形 AFC は二等辺三角形です（図5）」

※ 平行線にできる等しい角については，4年生，5年生のときに学習してきた。同位角をもとに，錯角が等しいことを子どもたちは見つけたので，その際に用語を教えている。

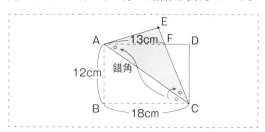

図5

これで，三角形 ACF は二等辺三角形ということが分かり，辺 EF は18－13＝5で5 cm と分かった。面積は 5×12÷2＝30で30 ㎠である。

4 平行四辺形の面積

次の時間に，前時と同じ長方形のような紙を折る問題を出した（図6）。

「長方形の辺 AD と辺 BC を対角線 AC に重なるように折りました。そしたら，平行四辺形ができました。この平行四辺形の面積を求めましょう」

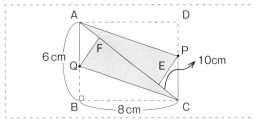

図6

条件として，長方形のたてが 6 cm，横が 8 cm，対角線の長さは 10 cm です。

しばらく問題に向き合う時間をとったが，困っている子どもが多くいた。

「どんなことに困っているの？」

と尋ねると，

「平行四辺形の底辺の長さが分からない」

と言った。底辺の長さとは AQ や PC のことである。高さは 8 cm とわかっているので，底辺の長さが分かれば求められると考えていた。

「いい見方をしているね。では，底辺の長さに絞って考えてみよう」

そして，次のように言った。

「回ってみたら，○○さんは 2 つの直角三角形に着目していたよ。○○さん，どの三角形に着目したか教えてくれる？」

このように振った。すると次のように話した。

「三角形 AFQ と三角形 ABC です。両方とも直角三角形だから気がつきました（図7）」

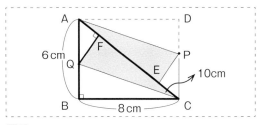

図7

その 2 つの三角形に着目するということに，気づく子どもが増えていった。

「拡大図と縮図の関係だ！」

「直角三角形 ABC の縮図が直角三角形 AFQ ってこと？」

「だと思います」

このとき，定義に戻って考える子どもがいた。

拡大図や縮図とは，対応する角の大きさが等しく，対応する辺の比が等しい図形である。

「この 2 つの三角形は，対応する角の大きさは全部等しいよね。点 A の角は重なっているから等しいです。直角も等しい。だから残りの角も等しいはずです。でも，対応する辺の比が全部等しいかどうかは分からないよ」

と話した。それに対して，

「辺 BC と辺 FC は同じで 8 cm だから，10 − 8 ＝ 2 で辺 AF は 2 cm です。AF：AB ＝ 2：6 ＝ 1：3 になっているから，辺の比は全部 1：3 になっていると思います」

「でもさ，AQ：AC は AQ の長さがわからないから出せないし，FQ：BC も FQ の長さがわからないから出せないよ（図8）」

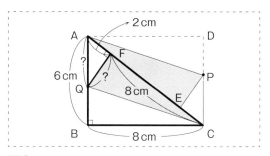

図8

拡大図・縮図は学習したばかりだったので，その概念に着目するのは自然なことであった。ただ，まだ今の段階では三角形の相似条件を

エレガントな解法を求めて

習っていないので，三角形 AFQ が三角形 ABC の縮図かどうかの判断は難しかった。しかし，ある子どもが次のように言って進めようとした。

「じゃあ，仮に縮図ということにして考えてみようよ」

仮定して進めるのは悪くはない。もし三角形 AFQ の各辺の長さが三角形 ABC の $\frac{1}{3}$ としたら，AQ は $\frac{10}{3}$ cm ということになる。平行四辺形の面積は次のように計算できた。

$$\frac{10}{3} \times 8 = 26\frac{2}{3} \qquad 26\frac{2}{3} \text{ cm}^2$$

「これで本当に合っているのかな？」

と子どもたちに問うた。このとき次のように言う子どもがいた。

「ぼくは別の考えでやりました。そしたら，同じ答えになりました」

「どのように考えたの？」

とさらに聞くと，

「面積の比で考えました」

と話した。それを聞くと，同じように比で考えた子どもが何人かいることがわかった。説明をしてもらった。

「三角形 AQC のこの底辺を見ると，AF：FC＝1：4だから，三角形 AFQ：三角形 FQC の面積は1：4です。ここまでいいですか？」

この問いかけに，みんなが頷いた。相手意識をもった説明の仕方である。

「これは，反対側の三角形 CEP と三角形 EPA も同じことが言えるから，1：4の面積の比です」聞いているみんながまた頷く。

「そして，三角形 QBC と三角形 PDA も折ったのだから，三角形 FQC と同じ比になるの

で，両方とも 4 の大きさです（図9）」

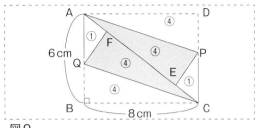

図9

比の数値には，○を書いて表した。

「さて，この図を見てこの後にどうやって平行四辺形の面積を出すかペアで考えてみましょう」

と言ってしばらく時間をとると，活発な話し合いが始まった。そして，何人かの子どもたちに発表してもらった。

「長方形の面積48 cm²の比が④×４＋②＝⑱です。そのうちの④×２＋②＝⑩の割合が平行四辺形の面積だから，$48 \times \frac{10}{18} = 26\frac{2}{3}$ で，$26\frac{2}{3}$ cm²が答えになります」

仮定して考えた答えと一致して，ほっとする子どもたちであった。

「ということは，やっぱり２つの直角三角形は拡大図・縮図の関係だったんだね」

「そうみたいだね。今回の平行四辺形の面積では，どの解き方がいいなあと思った？」

「やっぱり比を使った方法は簡単でよかったです」

「でも，縮図のことを使って，辺の長さがみんな１：３になっていることがわかれば，その考えも簡単だよ」

相似な三角形の条件を知れば，子どもたちの解決の方法はより豊かになると思わせる授業であった。

問題 5

二等辺三角形の面積に関する問題の探究

（6年）

1　二等辺三角形の面積

　次のように問題提示をした。

「2つの三角形があります。どんな三角形ですか（図1）」

　この問いかけに，子どもたちは三角形をよく観察して，次のように答えた。

「二等辺三角形です」

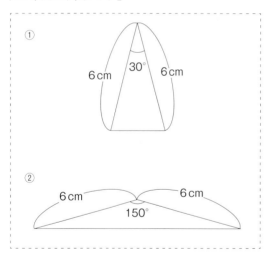

図1

　問題の図を見せて，次のように問うた。

「どちらの二等辺三角形の方が面積が大きいでしょうか」

　これに対して，「①」，「②」，「同じ」の3つの選択肢で挙手をしてもらった。その結果，同じが少し多かったものの，だいたい同じように3つに分かれる結果になった。

　次に，どちらの二等辺三角形から面積を求

めたいかを尋ねた。すると，

「30°の方が簡単そう」

といった声が多かったので，まずは頂角が30°の二等辺三角形の面積から求めてみることになった。

　しかし，考え始めたものの，いっこうに手がつかない子どももいた。そこで，

「どんなことに困っているの？」

と聞いてみた。すると，

「だって，底辺の長さも高さも分からないよ」

と言った。確かに，三角形の求積公式がこのままでは使えない。

「わかった。9㎠です」

と突然言う子どももいた。その子どもは，なるべく正確な作図をして，底辺を6cm，高さを実測して3cmとして6×3÷2＝9と計算していた。すると，友だちから，

「定規で測ったら，少しずれてることもあるから，ちゃんと考えないとだめだよ」

と言われた。

「でも作図を見るときれいに書いているから，およそ9㎠であることは間違いないだろうね」

とフォローした。

2　ヒントを出して考える

　5分ぐらいたったらできた子どもにヒント

を言ってもらった。できた子どもの多くは，すでにこの問題の解き方を知っている様子だったので，

「この問題の解き方を知っていた人もいるみたいだね。ノートを見ると，この図形に別の図形を足してかいているようだから，ヒントをもらおう」

そう言ってある子どもに黒板に書いてもらった（図2）。

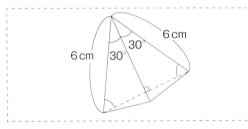

図2

「さて，この図をヒントに元の二等辺三角形の面積を考えてみようか」

と言ってまた少し時間をとった。その間に，

「わかった！」

と声をあげる子どもが何人かいた。それまで見えなかったものが見えるという経験は算数を好きにする。それから発表してもらった。

「もう1個同じ二等辺三角形を足して，ここに直線と引くと正三角形ができます。3つ角が60°だからです。ここまでいいですか」

みんなが頷いた。ここで私から次のように発問した。

「この続きを誰か言えますか？」

ここで他の友だちにバトンタッチして，理解をより共有していこうとした。次の子どもが続きを説明した。

「底辺を6cmとすると，高さは正三角形の半分の3cmになります。だから，6×3÷2＝9で9㎠です」

この瞬間，

「やったー！」

と言う子どもがいた。作図をし，実測をして面積を求めていた子どもである。

「きれいに作図したお陰だね」

と認める言葉をかけた。

3 頂角が150°の二等辺三角形の面積

さて，次に②の二等辺三角形の面積にとりかかった（図3）。

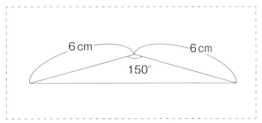

図3

少しして，子どもが次のように呟いた。

「これさあ，空いている所にさっきの二等辺三角形が入るよね」

この言葉を拾ってすぐにみんなに問い返した。

「○○さんが，空いているところにさっきの二等辺三角形が入るって言ったけど，どういう意味かわかる？」

そして，ペアをつくって話し合ってもらった。

話し合った内容を聞くと，次のように図をかいて説明した。

「150°の空いているところにちょうどさっきの30°の二等辺三角形を入れると，ちょうど180°の直線になります（図4）」

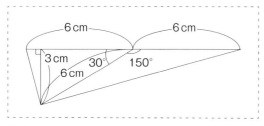

図4

「なるほど，こういうことだったんだね。きれいに入ったけど，これで何かわかるのかな」

じっと図を見つめていたある子どもが，

「あっ，わかった！」

と言って，黒板の前に行こうとした。

「どうしたの？」

と尋ねると，

「見えたからみんなに話したい」

と言った。見つけた喜びがあふれていた。

「すごいね。何かが見えたんだ。では，君に後から説明してもらうことにするね。ただ，そのことに他の友だちにも気づいてほしいので，何かヒントを言ってくれないかな」

とお願いした。

「この二等辺三角形の底辺をここだと思ってください（図5）」

と説明した。

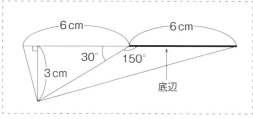

図5

このヒントを聞いて，多くの子どもたちから「そうか！　見えた！」という感激の声が上がり始めた。

その後は，またペアで交流をしてもらい，その後挙手をした子どもを指名して説明してもらった。

「この辺を底辺にすると，この三角形の底辺は6cm，高さは，この二等辺三角形の高さ3cmと同じで3cmになります。だから，6×3÷2＝9で9㎠です」

「えっ，じゃあ，同じ面積なんだー」

など，いろいろな声が上がって盛り上がった。

4 もう1つの三角形の面積

次の時間，前時の二等辺三角形を2つ見せて簡単に求め方を復習した。その後に，もう1つ三角形を提示した（図6）。

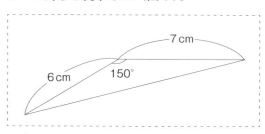

図6

「あれっ，また同じじゃないの？」

と子どもから声が出たが，

「実は，この三角形は，二等辺三角形ではありません。こちらの辺の長さが6cm，こちらは7cmです。さて，面積は何㎠でしょうね」

と問題を出したのである。

「えー，二等辺三角形じゃないんだ」

と驚きの声があがった。

「どうやって解けばいいの？」

と素直に声に出す子どももいた。しかし，そんな中で，こう言う子どもも現れた。

「結局，同じ解き方でできるよ」

この言葉を聞いて，他の友だちも，

「同じでいいの？」
と反応した。そこで，
「同じ解き方でいいと言っている人もいるね。
では，しばらく時間をとるから，じっくり考
えてみようか」
と言って自力解決の時間を5分，その後ペア
の子どもと交流する時間を5分ほどとった。

それから発表してもらったが，様子を見て
いると，ほとんどの子どもが気づいたよう
だった。
「えっと，やっぱり昨日の150°の二等辺三角形
と同じやり方でできました。ぼくは，6cmの
方に30°の二等辺三角形をくっつけました。そ
して，7cmの辺を底辺にすると，高さが
3cmと見ることができます。だから，7×3÷
2＝10.5，10.5㎠になりました（図7）」

この説明を聞いていた子どもたちが自然に
拍手をした。

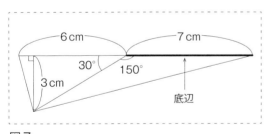

図7

「なるほど，確かに同じ考え方でできるんだ
ね」
と話していると，
「ほかにもあります！」
と手を挙げる子どもが何人もいた。指名する
と，次のように言った。
「似ている考えだけど，こっちの7cmの辺
の方を底辺にもできます」

こう話したので，次のように問い返した。
「7cmの辺の方を底辺にできるって言った
けれど，どういう意味かわかるかな？」
この問いについて，ペアで話し合っても
らってから考えを聞いた。
「こんどは，7cmの辺の方に30°に二等辺三
角形をつなげます（図8）」

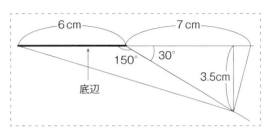

図8

「すると，6cmの辺の方を底辺にして高さ
が3.5cmの三角形と見ることができます」
「ということは，6×3.5÷2＝10.5，やっぱり
10.5㎠になるね」

二等辺三角形の面積を求めるときの1つの
見方を学び，さらにその見方を他の図形に活
用する授業となった。

子どもたちに，
「どんな解き方がよかったですか？」
と問うと，
「150°の二等辺三角形の面積を考えるときに，
30°の二等辺三角形をすっぽり入れて考えた
ところが面白かった」
といった反応が多かった。エレガントな解法
とは，簡単な解き方だけでなく，美しくて面
白いと感じるようなものも入るのだと思った。

三角形の底辺と高さの柔軟な見方を学んだ
授業であった。

問題 6

ある不思議な数列の探究

（6年）

1　16番目の数を当てる

　文字式の単元末に，不思議な数列の授業を行った。次のように子どもと対話するところから始めた。

「1〜9の中で好きな数字を1つ言ってください」

「3です」（数を板書）

「では，もう1つ言ってください」

「5です」（数を板書）

　ここまできて，次の数はこちらから言った。

「3番目の数は，8です。どうして8としたかわかりますか」

　こう問いかけて，ペアで相談してもらってから答えてもらった。

「3+5だから8だと思います」

「そうです。3+5をしたのです。この数の列は，前の2つの数を足して作ります」

　この後の数については，座席順に子どもを指名していった。

「では，4番目の数は？」

「13です」

　このとき，1つの約束をすることを伝えた。

「このまま足していくと，数が大きくなるので，一の位の数だけ書くことにします。今回は13なので，3ですね」

　4番目の数の3を確認した後も，次々と数を言ってもらい，7番目までの数を書いたとき（図1），次のように子どもに言った。

①	3	
②	5	
③	8	⇒ 3 + 5
④	3	⇒ 5 + 8
⑤	1	⇒ 8 + 3
⑥	4	⇒ 3 + 1
⑦	5	⇒ 1 + 4

図1

「16番目の数がわかりました。16番目の数は1です」

　こう言って，その数を板書したのである。子どもたちは，何の意味があるのかまだ理解しきれないでいた。

　そこで，とにかく，この数列をもっとつくっていくことにした。8番目から先の数も順に子どもを指名して書いていった。そして，いよいよ16番目の数を言うときがきた。

「1です！」

　この瞬間，「おー！」と言ってくれると思ったが，意外にも「シーン」となっている。

「どう，16番目の数が1になったよね。先生の予想が当たったよ」

　こう話して，はじめてそういうことか，と意味を子どもたちは理解したようだった。

「先生，計算したんじゃない？」

と言う子どももいた。

下の図2が，①〜⑯の数列である。

①	3	⑪	7
②	5	⑫	0
③	8	⑬	7
④	3	⑭	7
⑤	1	⑮	4
⑥	4	⑯	1
⑦	5		
⑧	9		
⑨	4		
⑩	3		

図2

①	8	⑪	2
②	2	⑫	8
③	0	⑬	0
④	2	⑭	8
⑤	2	⑮	8
⑥	4	⑯	6
⑦	6		
⑧	0		
⑨	6		
⑩	6		

図3

　同じ手順で，もう一度やってみることにした。1番目の数をある子どもが「8」と言ったので，すぐにこう伝えた。
「16番目の数は6です」（数を板書）
「なんで，すぐにわかるの？」
と呟く子どもが何人もいた。それには答えないで，
「では，2番目の数を言ってください」
「2です」
　この調子で，座席順に子どもを指名して図3のように書き上げたところ，やはり16番目の数は「6」であった。
「おーすごい！」
「なんで当たるの？」
　子どもたちにはこう伝えた。
「先生は，計算して当てていないよ。だって，1番目の数を聞いた後にすぐに予想したでしょ。2番目の数を言う前だからね」

　数列の作り方がわかったので，この後は，子どもたちが自分たちで自由に数列を作って「なぜ16番目の数を当てることができるのか」という問いを探究することになった。

2　なぜ16番目の数を当てることができるのか

　1番目の数を見て，16番目の数を予想できていることから，次のように黒板に板書した。

1番目の数		16番目の数
3	⇒	1
8	⇒	6

　すると，ある子どもが，
「1番目の数をほかの数でも調べてみよう。私は1からやってみるから，○○さんは2でやってみて」
　子どもたちは，3と8以外の数を1番目とした場合，16番目の数がいくつになるかを，友だちと分担して調べようとし始めた。
その後，子どもたちが調べた結果を板書すると，次のような結果になった（図4）。

1番目の数		16番目の数
3	⇒	1
8	⇒	6
2	⇒	4
6	⇒	2
4	⇒	8
7	⇒	9
9	⇒	3
5	⇒	5
1	⇒	7

図4

1番目の数		16番目の数	
3	⇒	1	$3 \times 7 = 21$
8	⇒	6	$8 \times 7 = 56$
2	⇒	4	$2 \times 7 = 14$
6	⇒	2	$6 \times 7 = 42$
4	⇒	8	$4 \times 7 = 28$
7	⇒	9	$7 \times 7 = 49$
9	⇒	3	$9 \times 7 = 63$
5	⇒	5	$5 \times 7 = 35$
1	⇒	7	$1 \times 7 = 7$

図5

データがそろったので，それを見ながら
「何か気が付くことはあるのかな？」
と言った。しかし，何も見えない様子だったので，次のようにヒントを言った。
「かけ算九九に着目してみよう」

そして，ペアで相談してみるよう促したのである。すると，
「わかった！ そういうことか」
と言って，気づく子どもが現れ始めた。さらに次のヒントは，気づいた子どもが言った。
「7の段です」

すると，発見する子どもがどんどん増えた。

子どもに見つけたことを発表してもらった。
「1番目の数に7をかけたときの答えの一の位の数が16番目の数です」
と説明した（図5）。
「どうして7をかけたら16番目の数になるの？」
とすぐに問いをもつ子どもが現れた。

3 どうして7をかけたら16番目の数になるのか

次の時間，子どもの連続する問いを探究することになった。
「なぜ7をかけたら16番目の数になるのか考えてみようね」

1番目の数を a，2番目の数を b として式に書いてみよう。このように手段をこちらから示して，子どもたちと図6のように順に式を書いていった。

①	6	a		⑪	4	$a+4+b \times 5$
②	2	b		⑫	8	$a \times 5 + b \times 9$
③	8	$a+b$		⑬	2	$a \times 9 + b \times 4$
④	0	$a+b \times 2$		⑭	0	$a \times 4 + b \times 3$
⑤	8	$a \times 2 + b \times 3$		⑮	2	$a \times 3 + b \times 7$
⑥	8	$a \times 3 + b \times 5$		⑯	2	$a \times 7 + b \times 0$
⑦	6	$a \times 5 + b \times 8$				
⑧	4	$a \times 8 + b \times 3$				
⑨	0	$a \times 3 + b \times 1$				
⑩	4	$a \times 1 + b \times 4$				

※仮に a を6，b を2とした場合の数列を示している。

図6

　式に書くときに，次のようなアドバイスをした。例えば，⑤の式を書くときに，③と④の式を見て，

「aが何個で，bが何個になるのかな？」

とaとbの個数を数えるように問うた。aが2個とbが3個だから，「$a \times 2 + b \times 3$」と表せることを丁寧におさえるようにした。

　また，⑧のときには，本当は，「$a \times 8 + b \times 13$」である。しかし，「$a \times 8 + b \times 3$」と表現することを約束した。なぜなら，数列は，足した一の位の数を書いているからだ。仮に，aを6，bを2とした場合，次のような計算になる。

・$a \times 8 + b \times 13 = 48 + 26 = 74$

・$a \times 8 + b \times 3 = 48 + 6 = 54$

　両方とも一の位の答えは4になる。だから，もし①の数を6，②の数を2として数列を作ったら，⑧の数は4になるのだ。このようなことを，実際にaとbに数をあてはめて確かめるようにしながら理解していった。

　この文字式を16番目まで書いたとき，

「そうか！　なるほどー！」

と立ち上がって感動を表現する子どもがいた。

「○○さんは，⑯の$a \times 7 + b \times 0$の式を見て分かったことがあるみたいですね。この式から何が分かったのかな。ペアで話してみよう」

と焦点を絞って話し合いをさせた。子どもたちの様子から，ほとんどの子どもたちが式の意味をつかんだようだったので，説明をしてもらった。

「16番目の数は，$a \times 7 + b \times 0$で表せます。$b \times 0 = 0$なので，$a \times 7$の一の位の数が16番目の数になります。だから，$6 \times 7 = 42$なので，2です」

「面白い。だから16番目の数は，1番目の数の7倍になったのか」

　子どもたちは，理由が分かって嬉しそうだった。

４　17番目の数，そしてさらなる探究へ

　このとき，次のように話す子どもがいた。

「17番目の数もわかったよ」

　この言葉にみんな，

「どういうこと？」

と尋ねた。その子どもは，

「17番目の数の式は，$a \times 0 + b \times 7$です」

「わかった。17番目の数はbの7倍だから，$2 \times 7 = 14$で，4になるんだね」

「2番目の数と17番目の数が関係するんだ」

　2時間目の授業はこれで終了したが，次の日に，私にこう言ってくる子どもがいた。

「先生，好きな一桁の数を1つ言ってください」

　私が「8」と言うと，

「では，31番目の数を当てます。31番目の数は2です。調べてみてください」

　その子どもは文字式をずっと書いていき，31番目の数は「$a \times 9 + b \times 0$」になることを発見した。だから，$8 \times 9 = 72$なので31番目の数は「2」と答えたのである。自らの探究に目を輝かす子どもの姿がそこにあった。

問題 **7**

図形の性質に関する問題の探究

（5年）

1　2つの正三角形を組み合わせて

次のように問題提示をした。

「2つの正三角形が平行線の中にあります。一辺の長さは両方とも8cmです。この正三角形を平行線の中で動かしてある形を作りました（図1）」

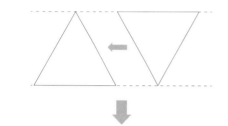

図1

2つの正三角形を図1のように動かした後に，さらに次のように板書した。

「平行四辺形の周りの長さは何cmかな」

すると，すぐに子どもたちから

「平行四辺形ってたくさんあるけど，どの平行四辺形なの？」

と質問がきたので，次のように問い返した。

「平行四辺形がたくさんあるって言うけど，どこにたくさん見えるの？」

それからペアで相談してもらった。発表してもらうと，次の3つの平行四辺形を指さした（図2）。

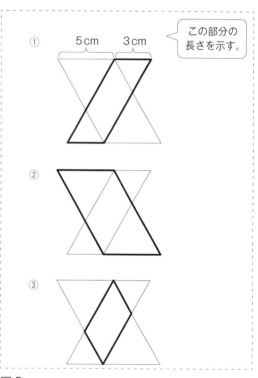

図2

2　定義や性質に基づいた平行四辺形であることの説明

「確かに見た目では3つも平行四辺形がありそうだよね。定義に基づいて平行四辺形であることを説明してみようか」

こう言ってしばらく考えてもらった。平行四辺形の定義は，次のように板書しておいた。

・向かい合った２組の辺が平行。

それから子どもに発表してもらった。

「まず，辺アエと辺イウはもともと平行です。辺アイと辺エウは，１本の直線に60°の同じ角度（角Aと角B）で交わっているので，平行と言えます（図３）」

※教科書では，「1本の直線に垂直な2本の直線は，平行であるといいます」と定義し，平行な直線の特徴（性質）として「平行な直線は，ほかの直線と等しい角度で交わる」としている。ただ小学校では，明確に定義と性質を区別して指導していないので，今回は，性質による平行線の説明を認めている。

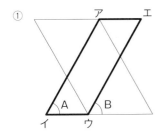

図３

「この説明で納得した人？」

と問うと，ほとんどの子どもが手を挙げたが，

「えっ？　どうしてここ（角B）は60°なの？」

と素直に疑問を言う子どもがいた。角Aは正三角形の角だから60°はわかる。しかし，角Bはそうではない。

この疑問に意外と他の子どももすぐに答えられなかったので，

「いい質問だったね。なんとなく60°ではなく，論理的に説明できたらいいね」

と考えるように促した。すると，次のような説明をする子どもがいた。

「この辺を伸ばすと，この角（角C）は正三角形の角だから60°でしょ。この角（角D）

も平行線に同じ角度で交わっているから60°だよね。この角（角B）は，180°から60°の角2つ分を引くから60°になる（図４）」

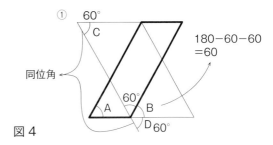

図４

上の説明で全員が納得できた。平行線１つの説明を丁寧に行った。このとき，

「周りの長さが分かりました！」

とある子どもが言ってきたので，時間をとってみんなで周りの長さを求めた。次のように発表された。

「正三角形の一辺の長さが8cmだから，8×2＝16で，短い辺は3cmだったから3×2＝6になります。だから，16＋6＝22で22cmです」

次に，②の平行四辺形カウキアの説明を考えた（図５）。①の平行四辺形で言えたことを使えたので，思ったより説明は簡単だった。

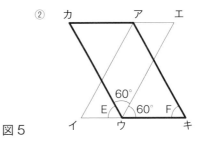

図５

「辺カアと辺ウキはもともと平行です。辺カウと辺アキが平行であることは，角Eと角Fが等しいことを言えばいいでしょ。角Eは，180－60×2＝60だから，60°です。角Fは，正三角形の角だから60°です」

このように平行四辺形の説明が終わるや否や，「周りの長さがわかります！」とすぐに挙手をする子どもたち。少しずつこの図形の見方に慣れてきたようだった。

「5cmの辺が2つ分だから5×2＝10で，正三角形の辺が2つ分だから，8×2＝16です。だから，10＋16＝26で26cmになります」

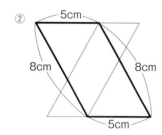

図6

このとき，次のように言う子どもが現れた。

「これさあ，周りの4つの小さい三角形もみんな正三角形じゃない？」

「そうだよ。みんな60°だもん」

この言葉を受けて，

「○○さんと○○さんが，周りの小さい三角形もみんな正三角形と言っているけど，本当にそうなのかな。これは，③の四角形が平行四辺形と言えてから考えてみようか」

と話した。すると，

「でも③は，もう平行四辺形って言えたよ。だって。2組の向かい合う辺が平行だから」

確かにそうであった。①と②の四角形が平行四辺形と言えたら，③の四角形の向かい合う辺は平行だから，平行四辺形である。

「でも，周りの長さはわかりません」

何人かの子どもがそう言って，教室全体も静かになった。

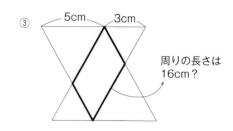

図7

ところが，ある子どもが

「16cmじゃない？」

と言った。理由を尋ねると，見た目で，5cmが2つ，3cmが2つと思ったそうで，条件として示した5cmと3cmの長さを使っていた。

「確かに見た目で長さは似ているよね」

とこの感覚的な意見をフォローした。

③ 周りの三角形は，正三角形か

次の時間に，周りの三角形は正三角形かどうかを考えるところからスタートした。しばらくしてから，子どもに発表してもらった。

「まず，今までで60°とわかっているところに○をかいていきます（図8）」

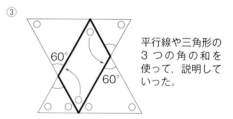

図8

「平行な直線は，ほかの直線と等しい角度で交わるので，この4つの角もすべて60°です（同位角）。残った2つの角は，三角形の3つの角の和が180°なので，180－60×2＝60で60°とわかります」。

「最初の三角形2つもだったけど，みんな正三角形なんだ」

4 ③の平行四辺形の周りの長さ

「この図形のことがいろいろわかってきたね。あとはこの平行四辺形の周りの長さだね」
と話した。このときある子どもが
「やっぱり，○○さんの勘があたったよ。16 cm だ！」
と言い始めた。
「どうしてそんなことが言えるの？」
と問うと，
「だって，正三角形は3つの辺の長さが等しいでしょ。ということは，5 cm と同じ長さのところがここで……」

　そこまで話したときに止めさせてもらった。
　そこまで聞いた段階で，クラスが盛り上がった。理解した子どもが多くいたようだ。
「今の説明聞いた？　この続きをペアで考えてみよう」

　こう投げかけてしばらく話し合ってもらってから発表してもらった。
「正三角形は，3つの辺が等しいから，このように5 cm と3 cm の辺が平行四辺形の辺と等しくなります。だから，(5＋3×2)＝16で16 cm です（図9）」

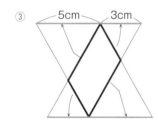

③

5cm　3cm

図9

5 問題を発展させる

　図形の見方がわかれば，あっけなく③の平行四辺形の周りの長さは解決した。

　そこで，次のように話して，新しい問題を作って見せた。
「2つの正三角形を左右だけでなく，上下にも動かして新しい形を作ってみようか（図10）」

図10

　子どもたちは，不思議なものを見る目で注目した。ある子どもが，
「星みたいになった」
「あっ，六角形ができたよ！」
と言ったので，取り上げた。
「そうだね。真ん中に六角形が見えるでしょ。さあ，問題だよ。この六角形の周りの長さは何 cm かな。ただし，向かい合う辺はみんな平行ということにしよう」
と言って板書したのである。
「えーー」
と歓声をあげる子どもたち。しばらく考える時間をとった。
「わかったー！　平行四辺形と同じ見方だよ」
「正三角形の一辺が8 cm さえ分かっていれば解ける」

　このような声が教室のいたるところから聞こえた。答えは，8×2＝16で16 cm だった。周りの正三角形を活かして，等しい長さの辺を見ていく。六角形の周りの長さは，結局元の正三角形の2本の辺の長さと等しいと見えてきた。子どもたちは意気揚々としていた。

問題 8

割合に関する問題の探究

（5年）

1　クーポン券とクレジットカード，どちらを使った方が安いかな？

　5年生の割合の活用の授業である。次のような問題を提示した。

「消費税が10％になりました。あるお店では，次のようなキャンペーンをしています」

> ①　クーポンを利用すると，商品の本体価格から50円値引きする。（引いた後に消費税）
>
> ②　クレジットカードで支払うと，後から支払った金額の5％がもどってくる。

　それから，次のように子どもたちに伝えた。

「1000円の品物を買います。さて，クーポンとクレジットカード，どちらの方が安く買えるかな？」

　そう問うて，まずは予想してもらった。「同じ」という選択肢も入れて挙手をしてもらったところ，みんな同じぐらいの人数に分かれた。それから実際に支払う金額を計算した。

　式を発表してもらったところ，②の式が問題になった。

①　$(1000-50) \times 1.1 = 1045$

②　$1000 \times 1.1 \times 1.05 = 1155$

　この2つの式を見て，次のような意見が出てきた。

「②の式がおかしいよ。だって，消費税10％がかかった金額より高くなってるよ」

「$1.05 - 1 = 0.05$　払った金額の5％の分だけ戻るから，安くなるはずです」

　このように友だちが言葉で説明をするが，②の式を話した子どもは，いま1つ理解できない表情だったが頷いた。

「では，どんな式にすればいいのかな？」

と正しい式を問うた。

「$1000 \times 1.1 - 1000 \times 1.1 \times 0.05 = 1045$だと思います」

といった考えが発表された。

「この式はどういう意味？」

と意味を問い返し，ペアを作って式の意味を解釈した。ある子どもが次のように説明した。

「1000×1.1は，消費税10％をかけた金額で，1100円でしょ。この1100円の5％が返ってくるので，$1000 \times 1.1 \times 0.05$の金額を引いています」

　このように丁寧に説明したので，ほとんど

の子どもたちが納得した様子だった。

「同じ金額になるんだ」

「先生のことだからそうなると思った」など，子どもたちは，思い思いの言葉を口にした。

2 本当にいつも同じなのか
―探究する子どもたちの姿―

結局，①と②の金額は等しかった。そこで，「どちらを使っても同じ金額になるんだね」と言ってその言葉を板書した。子どもの思考を刺激するゆさぶり発問である。そのとき，子どもたちがざわめき始めた。

「ちょっと待って。本当に同じかな？」

「1000円はたまたま同じなんじゃない？」

「割合は，元の大きさが違うと変わるから，なんかあやしい。もっと調べていい？」

そこで，次のように問い返した。

「どうして本当かな，と思ったり，もっと調べたいと思ったりしたの？」

「だって，本当のことを知りたいから」

「もし間違いだったら，そのまま終わるのは駄目でしょ」

このような言葉に子どもたちの探究の姿勢が現れているように感じた。

このあと，子どもたちは100円と10000円の商品を買った場合を調べた。極端に安い金額の場合と高い金額の場合のクーポンとクレジットカードを使用したときの商品の金額である。

「この結果，どんなことがわかったの？」

と問うと，一人の子どもが出てきて，

「この表を見ると，1000円より安い場合は，クーポンを利用した方が安いです。1000円より高い場合は，クレジットカードを利用した方が安いことがわかります」

と説明した。他にも

「クレジットカードで買う場合の，5％が戻ってくるときの5％の金額は，元の値段によって全然違ってくるよ」

という発言もあった。そこで，

「1000円の商品と10000円の商品の場合で戻ってくる5％の金額ってどのぐらい違うの？」

と問うた。この問いについて，改めて子どもたちは，ノートに整理して答えてくれた。

「1000円のときは55円で，10000円のときは550円です」

「へー，そんなに違うんだね」

と驚いて見せると，

「クーポンは元の値段が何円でもいつも50円分しか安くならないから，違いが出てきます」

3 「わからない」という素直な子どもの言葉

授業が終わりに差しかかった時，

「やっぱりわかりません」

と言ってくる子どもがいた。

元の金額	100円	1000円	10000円
①の金額	55円	1045円	10945円
②の金額	104.5円	1045円	10450円

クレジットカードで買い物をするときの計算が，なぜ「1000×1.1×1.05＝1155」で駄目なのか，まだよくわからないと話した。

わからない気持ちをそのままにしておかないようにするその子どもの素直な心に感動した。それは，他の子どもたちも一緒だった。

この発言に対して，ある子どもは
「図をかけばわかると思うよ」
と言って，写真のような線分図を書いて説明した。

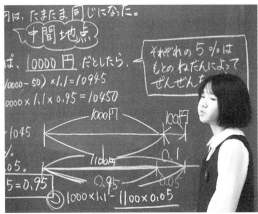

4人の子どもが順に前に出て説明した結果，その子どもは最後に「そうかあ」と言って納得した。

「わからない」と言っていた子どもは，次の条件文にとまどっていた。

> ②　クレジットカードで支払うと，後から支払った金額の5％がもどってくる。

（式）　1000×1.1×1.05＝1155

もどってくるという言葉に，持っているお金が増えるイメージをして，×1.05にしたようである。

しかし，今回の計算は，最終的に支払った金額の計算である。5％の金額が戻ってきたのだから「支払った金額は減る」というイメージの変換をする必要があった。それを，友だちが図で表現してくれたのだ。

その子どもは，理解できたこと以上に，自分の疑問にたくさんの友だちが真剣に関わってくれたことを喜んでいた。

4　似て非なる問題を考える

次の時間は，同じ消費税10％を題材にした問題を取り上げた。今度は，次のような値引きの場面を設定した。

> ①　クーポンを利用すると，商品の本体価格から50円値引きする。（引いた後に消費税）
> ②　クレジットカードを利用して支払うと，後から50円もどってくる。

この問題を見たとき，ある子どもは，
「これ，同じじゃん」
と言い放った。しかし，他の子どもが，
「クレジットカードで買うときが微妙に違うよ。前は"支払った金額の5％が戻ってくる"だったけど，この問題は"後から50円もどってくる"です」

と丁寧に説明した。

「そうじゃなくて，クーポンを使ってもクレジットカードを使っても，結局支払うお金は同じってこと」

「そうだよ。50円戻ってくるんでしょ」

ここまでの話を聞いてこう言った。

「よし，では最初に予想をしてみようか。安く買えるのは，①か②かそれとも同じか」

人数を見ると，やはり「同じ」に手を挙げる子どもが多かった。そこで，

「どうやって考えてみる？」

と尋ねると，

「前みたいに1000円の品物で比べてみようよ」と提案があったので，その考えにのった。みんなで計算して発表した。

① $(1000-50) \times 1.1 = 1045$

② $1000 \times 1.1 - 50 = 1050$

「あっ，クーポンの方が安いんだ」

このとき，すかさず次のようにゆさぶり発問をした。

「ということは，いつもクーポンを使った方が安いってことだよね」

「ちょっと待って。それは怪しい。前の問題も元の値段でちがったでしょ。今回も調べてみないと分からないと思います」

そこで，前時と同じように元の値段が100円と10000円の場合で調べてみることにした。

元の金額	100円	1000円	10000円
①の金額	55円	1045円	10945円
②の金額	60円	1050円	10950円

「いつもクーポンを使った方が5円安くなるんだ」

「なんで？」

前時の印象が強い子どもたちは，この結果に驚いた。今度は元の値段に関係なくいつも①の方が安い。

「そうだよね。なんでこうなるか知りたいね。式をよく見て考えてみようか」

と投げかけた。しばらくして，気がついた子どもがいた。

「1000円の場合，①の式は分配法則を使ってこのようにすることができます。

① $(1000-50) \times 1.1 = \underline{1000 \times 1.1 - 50 \times 1.1}$

この式を②の式と比べてみます。

① $1000 \times 1.1 - 50 \times 1.1$

② $1000 \times 1.1 - 50$ 」

「10000円の場合はこうなります。

① $10000 \times 1.1 - 50 \times 1.1$

② $10000 \times 1.1 - 50$ 」

「そうか，$50 \times 0.1 = 5$（円）分だけ安くなるんだね」

このように式変形から，なぜいつもクーポンで買った方が5円安くなるか理解した。

問題 9

偶数，奇数の問題の探究

(5年)

1 ゲームから問題を見つける I

5年生に次のようなゲームを行った。

$\boxed{10}$のカードが5枚と$\boxed{50}$のカードが4枚と$\boxed{100}$のカードが3枚ある。合計12枚のカードを次のように並べた。（図1）

1	2	3	4	5	6	7	8	9	10	11	12
10	10	50	50	100	50	100	10	100	10	50	10

図1

そして，
「先生と対戦してみたい人？」
と伝え，先生対子どもで対戦することにした。交互にカードを取り合い，合計ポイントが大きい方が勝ちというシンプルなゲームである。ただし，カードは必ず左右どちらかの端から取らなければならない。

ゲームを始めるときに，
「このゲームは，順番に取りますが，必ず端からとらなければいけないというルールがあります。こんな感じです」
と言って，自然に端の10をとる。
「順番に取るから，次はあなたの番だよ」
とすすめて端のどちらかの数を取ってもらった。

この調子で何人か子どもと対戦したが，いずれも先生が勝った。あるとき，子どもが
「先攻をやらせてください」

と言ってきたら一度交替してゲームをしてみる。その場合，子どもが勝つ場合もあるし，まだ必勝法がわかっていない場合は，先生が勝つかもしれない。

ある子どもが，次のように言った。

「なんで先攻が勝てるの？」

その言葉に対して，次のように答えた。
「そうだよね。なんで先攻が勝てるのか，その謎を考えてみようか」
と投げかけた。

2 なぜ，先攻が勝てるのか

2人1組を作らせて，子ども達同士でゲームをさせながら考えさせた。その際，ゲームをするためのワークシートと数カードを配付した。ワークシートは，次のようなものだった。

1	2	3	4	5	6	7	8	9	10	11	12

1〜12の番号が振ってあり，その下に数カードを並べるようになっていた。これなら何番の場所にどんな数カードがあるかがわかる。

さて，何かに気がついた子どももいたが，何も気づかない子どももいた。そこで，気が

ついたことがある子どもにどこに目をつけたのかを発表してもらった。

「どの番号のところに大きな数が置いてあるかが分かりました」

そう言われて，改めて数をよく見る子どもたち。

「あっ，そうか，わかった」

と言う子どもが現れた。何がわかったのか言ってもらうと，

「奇数のところに大きな数が多いです」

と言って番号に○をした（図2）。

1	2	③	4	⑤	6	⑦	8	⑨	10	⑪	12
10	10	50	50	100	50	100	10	100	10	50	10

図2

その子どもは50と100の数がある奇数の番号に○をした。確かに奇数のところに多い気がした。

「この数を取ることができればゲームに勝つことができます」

「でも，そんなに簡単に取れるかな」

といった疑問の声も。それに対して，

「いや，取る方法があります」

と反論があった。

「先攻をとれば奇数の場所の数を取ることができます」

そこで次のように発問して，ペアで話し合いをしてもらった。

「どうして先攻をとれば奇数の場所の数を取る

ことができるのかな。二人で話し合ってみよう」

と言ってしばらく話し合いをしてもらい，話し合ったことを発表をしてもらった。

「最初の1の数を取れば，あとは必ず奇数の数を取ることができます」

この簡単な説明に，

「どういうこと？」

と問い返すと，別の子どもがより詳しく説明をした。

「1の数を先に取ると，後攻の人は2か12の数を取ります。すると，先攻の人は，3か11の数を取ることができます。このように奇数番号の数を先に取れば，最後まで奇数番号の数を取り続けることができます」

そこで，

「じゃあ，実際にやってみようか」

と言って，子どもに先攻をやってもらい，ゲームをしてみた。すると，奇数番号の数を意識している子どもは，奇数番号の数を全て取ることができた。合計は，410である。ちなみに，偶数番号の数の合計は，140であった。

3　数カードの並びを変えてやってみる

勝ち方が見えてきたところで，次のように並べ方を変えて子どもと対戦してみた（図3）。

ある子どもとの対戦で，

1	2	3	4	5	6	7	8	9	10	11	12
50	10	100	50	10	100	50	100	50	10	10	10

図3

「では，先攻をどうぞ」

と促したが，なかなか数カードを取らない。

「どうして取らないの？」

と尋ねると，

「偶数と奇数，どちらの番号の数を取るかすぐにわからない」

と話した。そこで，次のように問うた。

「偶数番号の数か奇数番号の数か，どちらを取った方がよいかをすぐに判断するうまい方法はあるのかな？」

すると，ある子どもは次のように話した。

「12枚の数の合計は550です。2で割ると，275になります。だから，偶数の方か，奇数の方か，どちらかの数を合計して275を超えたら，そちらの番号の方を取るようにして，越えなかったらもう一方の数を取ればいいと思います」

この考えにみんな納得した。そこで図3の数の並びで改めて考えることにした。

「みんなだったら，1と12の数，どちらを先に取りますか？」

こう尋ねて挙手をしてもらうと，全員12に手を挙げた。理由を尋ねると，偶数番号の数の合計は280だからということだった。1の数は「50」，12の数は「10」である。思わず1の方の数を取りにいきそうだが，12の数を子どもは取った。

その後，ゲームを続けた結果，予想通り，数の合計は，私は270，子どもは280となった。

仕組みがわかると，子どもたちは，面白がっていろいろな人とゲームをして楽しんでいた。家に持ち帰り，お父さんやお母さんと対戦して

誇らしげにする姿もあったようである。

4 ゲームから問題を見つけるⅡ

次の時間，次のような遊びをすることを提案した。封筒から数カードを3枚引いてもらい，図4のピラミッドの1段目の□に左から数を当てはめる。

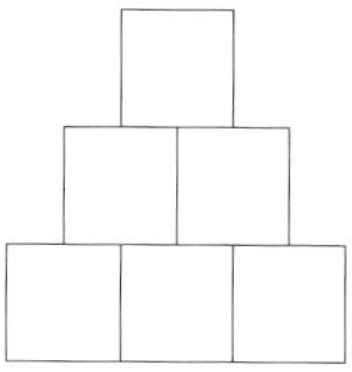

そして，2，3段目の□に下の段の2つの数の和を書いてピラミッドを完成させる。1番上の□の数が奇数になったら「当たり」という遊びである。

図4

最初は，何度試しても図5のように1番上が奇数にならなかった。

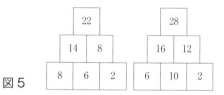

図5

「先生！ その封筒には，偶数しか入ってないでしょ！」

このように，子どもから封筒に入っている数が偶数だから駄目だという指摘があった。

そこで，もう1つ封筒を見せて，

「奇数が入っているから大丈夫だよ」

と奇数が入っていることを伝え，もう一度チャレンジさせた。すると，図6のような結果になり，やはり1番上の数が奇数にならなかった。

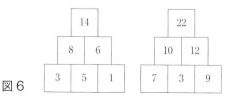

図6

次に子どもが主張したのは，次のことだった。

「先生，混ぜてよ。混ぜて！」

その発言について

「混ぜてよってどういうことかわかる？」

とみんなに問い返した。すると別の子どもが，

「偶数と奇数の両方を入れてほしいということだと思います」

と答えた。そこで，偶数と奇数を混ぜるために，偶数だけが入っている封筒と奇数だけが入っている封筒から交互に数カードを引いてもらった。

すると，図7のように左から（偶，奇，偶）か（奇，偶，奇）となる。しかし，この場合も一番上の数は奇数にならなかった。

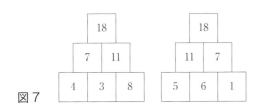

図7

5　一番上の数を奇数にするために

「もう一番上が奇数になることはないみたいだね」

このようなゆさぶり発問をしたとき，子どもから次のような提案があった。

「だったら，上から考えてみようよ。一番上を奇数にして，次に2段目を考えてみよう」

この提案にのって，一番上の数を仮に19として考えてみた。（図8）

「2段目が19になる2つの数は10＋9でいいよね」

このような発言があったので，10と9を入れた。そして，2段目が10と9にな

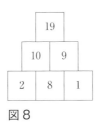

図8

るように1段目の数を入れたら，あっけなくピラミッドが完成した。

「あれっ，簡単にできたよ」

その後は，各自同じように上から作る方法でピラミッドを作ってみた（図9）。できたピラミッドを発表して並べてみたとき，

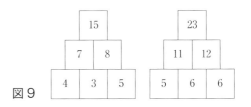

図9

「あっ，分かった！」

と大きな声を出す子どもがいた。

「何が分かったの？」

と問うと，

「奇数にするには，奇数＋偶数にします。これが2段目です。1段目は，奇数の下は，同じで奇数＋偶数になります。偶数の下は，奇数＋奇数か偶数＋偶数にします」

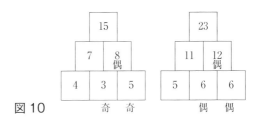

図10　　　奇　奇　　　　偶　偶

授業では，次のようにまとめることができた。偶数の下は，図10のように奇数＋奇数か偶数＋偶数になる。1段目のもう1つの数は，奇数の下なので，偶数＋奇数になるように入れる。

一番上の数を奇数にするには，1段目は，（偶，奇，奇）か（奇，偶，偶）と入れるとよいことがわかった。

問 題 10

折り目の本数の問題の探究

（4年）

1　折り目の本数は何本？

　4年生の子どもに，次のような問題を出した。「長方形の紙（B5）を8回折ると，折り目が何本できるか」という問題である。

　同じ方向に半分，半分と折っていく（図1）。そして紙を元の状態まで開いたときにできる折り目の本数である。

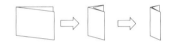

図1

　実際に長方形の紙を配付して操作しながら考えてもらった。しかし，長方形の紙を8回も折ることができない。例えば8回が無理なので，子どもたちは5回に挑戦したが，折り目の本数は見づらく，とても数えることができなかった。

「先生，これ，無理だよ」

と多くの子どもが言って，あきらめムードになった。

2　折った回数が少ないときを考えてみよう

　そのとき，次のように話す子どもが現れた。

「折った回数が1回，2回，3回ぐらいまでの折り目の本数を調べて，何かきまりがないか考えようよ」

　このような考え方を帰納的な考え方と言う。

　変わり方調べの単元の学習で，すでに2量

の変化のきまりを見つけて問題解決する経験をさせていたので，誰かがこの発想をすることは想定していた。

「今の○○さんの考えはどう思いますか？」

と尋ねると，

「いい考えだと思います。調べてみたいです」

といった感想があった。そこで早速，1回折ったときの折り目の本数から考えてもらった。子どもたちには，新しい長方形の紙を配付し，まだ触らないで前を見るように指示をした。

　私が1回折って見せ，

「これを開いたら，折り目の本数は何本かな？」

と問うた。子どもたちは，全員が，

「1本です」

と答えた。その後に実際に折って確かめさせた。それから，

「では，次は2回折ります。さあ，開いたら折り目の本数は何本かな？」

「3本だと思う！」

とほとんどの子どもがそう言ったが，中には4本と答える子どもがいた。この段階では理由を聞くなどの深入りはせずに，

「では紙を折って確かめてみよう」

とすぐに確認の作業をさせた。すると，3本

であることがわかった。また，次のように言う子どもがいた。

「4つになったのは，長方形だよ」

　4本と予想した子どものフォローをするつもりもあったのか，4の意味を解釈する子どもがいた。その子どもは，図（図2）を指で示しながら，長方形の数を数えて見せた。

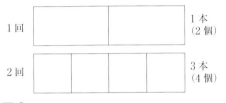

図2

　図2は，黒板に提示した図である。左に折った回数，右側に折り目の本数だけでなく，長方形の数も書いた。

　さらに，その図の横には，下のような表を自然に書いていった。

折った回数	1	2	3
折り目の本数	1	3	?

3　3回折ったときの折り目の本数を考える

　さて，次に，

「3回折ったら，折り目の本数は何本だと思う？　ノートに予想を書いて見ようか」

と投げかけた。3回折った場合については，さすがに念頭操作は難しい。自然に変化の様子を読みとったり，図から仕組みを読みとったりする。つまり，数学的な見方・考え方を働かせることになるので，必ず問うようにしている。

　子どもたちに予想した数を聞くと，4本，5本，6本，7本，8本，9本の6種類の本数が発表された。このときのポイントは，どうしてその数を予想したのか，理由を聞くことである。そして，丁寧に板書し，みんなで理解することが大切である。このとき，子どもたちが話した理由は次の通りであった。

4本：　特に理由なし。勘と言った。

5本：　表の数値をみて予想。1，3，5となる。2本ずつ増えると考えた。

6本：　表の数値を見て予想。折った回数（下表の○をつけた回数）だけ増えると考えた。1，3，6となる。2本，3本……と増える数が1本ずつ増えていくので，6本と予想した。

折った回数	1	②	③
折り目の本数	1	3	?

7本：　図を見て予想。長方形の真ん中に折り目が入ると思ったので，3＋4＝7。

8本：　長方形の数と間違えていた。長方形の数は，2，4，8と2倍，2倍に増えていく。折り目の本数は，長方形の数より1少ないと思った。

9本：　表の数値を見て予想。1，3，9となる。3倍，3倍と増えると考えた。

　数値を予想してその理由を聞くと，面白いことに気が付く。等差数列や等比数列，階差数列といった子どもたちがこれからも出会うであろう数学を語るのだ。正解は1つ，7本であるが，そこに簡単に絞るのではなく，自由に想像させることで豊かな数学を創造させ

ることができるのだと思った。

4 長方形の数への着眼

実際に確かめてみると，3回折った時の折り目の本数は7本だった。それを図や表に表した。

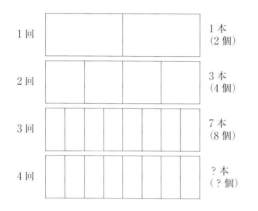

折った回数	1	2	3	4
折り目の本数	1	3	7	?

さて，いよいよ4回折った時の折り目の本数を考えることになった。今までと同じように予想をしてから実際に折ってみることにした。

子どもたちの予想は，3回折った時とは異なり，本数の種類が2つしかなかった。13本と予想した人が3人，15本と予想した人がほとんどであった。理由は次の通りである。

13本： 表の数値を見て予想。1，3，7，13。2本，4本，6本と，増える数が2本ずつ増えると考えた。

折った回数	1	2	3	4
折り目の本数	1	3	7	15

15本： 図を見て予想。1，3，7，15。長方形の真ん中に折り目が入ると考えて，$7 + 8 = 15$。

上記のような理由の発表後，やはり実際に紙を折って折り目の本数を確認した。正解は15本であった。

3回折ったときは，多くの種類の予想が出たが，4回折ったときは，2種類だけの予想。予想して理由を述べる展開は，一見遠回りして時間がかかるようだが，しっかりと理解を共有していく展開をとれば，問題の本質をつかむのがかえって早いように思えた。

ある子どもが次のように言ってきた。

「15本になる理由はまだあります」

　そこで，

「15本になる理由がまだある人はほかにもいますか？」

と問い返すと，半数近くの子どもが手を挙げたのである。

「では，ペアになって15本になる他の理由を話し合ってみよう」

と指示をした。しばらく時間をとった後に，何人かの子どもに全体の場で発表をしてもらった。

「折り目の本数は，長方形の数－1になります。長方形の数は，2，4，8，16と2倍ずつ増えていきます。だから$16 - 1 = 15$で15本です」

これは，図を見てもよく分かることであった。また，他の子どもは，次のような説明をした。

「折り目の本数は，前の数を2倍して1たした数になっています。だから，7×2+1＝15で15本としました」

このように子どもたちは計算で求める方法を考えることができた。そこで，

「では，8回折った時の折り目の本数を求めてみようか」

と問いかけ，子どもたちは，思い思いの方法で8回折った時の折り目の本数を255本と求めることができたのだった。

5 折って，折って……切ると何枚？

次の時間，子どもたちに50 cmの長さの紙テープを配付した。そして，次のように紙を操作して見せた。

「1回おります。そして，この真ん中で切ると，紙はいくつに分かれるでしょうか」

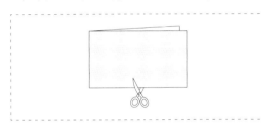

「3枚だと思います！」

「なんか昨日の問題と似てるね」

このような対話をして実際に操作してもらうと，確かに紙は3枚に分かれた。

※紙を最後まで切ると，ばらばらになってしまうので，途中まではさみを入れて止めるようにした。そうすると，開いたときに，最後まで切ったときにできる紙の枚数がわかる。

「では，次は2回折ります。また真ん中で切ると，何枚に分かれるでしょう」

いろいろ予想をした後に，また実際に切ってもらうと，紙は5枚に分かれた。そのときの切った場所を図に表すと次のようになった。

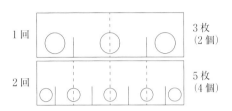

※点線は折った時の折り目。○の数は切り離した場合の紙の枚数を表す。

「次いくよ。3回折って真ん中で切ったら何枚になると思う？」

こう問うと，ほとんどの子どもが7枚を予想した。3，5，7と2枚ずつ増えると思ったからである。しかし，実際に折って，切ってみると，9枚になってみんな驚いた。

前の時間の折り目の本数の学習があるので，子どもたちの着眼点は明確であった。

「これって，長方形の数＋1になってない？」

「本当だ」

「なんでわかった！　だって，図を見ると，折り目の数と同じ数だけ紙ができて，それにプラスして両側に紙ができる。（折り目の本数）＋2＝（切った枚数）になるでしょ」

（折り目の本数）＋1ならちょうど長方形と同じ数になったのだが，＋2だから，長方形の数より1多いということになったのである。いずれにしても，2つの問題の本質は，紙を折ったときにできる長方形の数であった。

紙を折って開いてを繰り返して，よく観察し続けた子どもたち。その姿はまさに実験する研究者のようであった。

問題11

わり算の問題の探究

（4年）

1　全部わりきれたらラッキー

　4年生では，わり算の筆算の学習にかける時間は多い。筆算の意味とともに，÷1桁，÷2桁の筆算が確実にできるようにすることが大切である。

　本稿は，わり算の筆算の習熟段階において子どもたちと行った探究の授業である。

　次のように子どもたちに投げかけた。

「好きな3桁の数をノートに書いてください」

「次に，その3桁の数を2回並べて6桁の数を作ってください」

（例）345の場合，345345の6桁

「では，今からわる数を言います。先生が言った数でその6桁の数をわって，わり切れたら次に進めます。わり切れなかったらそこで終了です」

「わり切れたら，先生が次に言う数で1回目の計算の答え（商）をわります。わり切れたら次に進めます。わり切れなかったらそこで終わりになります」

「このようにして3回すべてわり切れた人は，『本日のラッキーな人』として，みんなから盛大な拍手がもらえることにしましょう」

　このように説明をしていった。よくわからない子どもも，やりながらわかってくるので，この説明の時間をあまり長くとらないようにした。

「では，1回目のわる数を発表します。いくつにしようかな。運試しだから，いくつでもいいね。それでは，7です」

　この瞬間，

「えー！」

という声が聞こえた。

「どうしてえーっ言ったの？」

と聞いてみると，

「だって，あまりが出そうな数だもん」

という返事があった。素数にはそのようなイメージがあるのかもしれない。

　筆算を始めた子どもたち。様子を見ていると次のような言葉が聞こえてきた。

「あー，やっぱりわれなかった」

　この計算は，必ずわり切れる計算である。わり切れなかったということは，計算間違いをしているということ。その意味では，子どもたちの計算力の評価にもなる。ただ，このときは，運試しという文脈があるので，次のように言った。

「それは残念だったね。それでは，最初だからおまけです。もう一度別の6桁の数を作って，再挑戦してみましょう」

　こんなやりとりをしているうちに，

「あっ，ここで筆算を間違えていた！　やっ

ぱりわり切れたよ」
と気づく子どもが現れたりする。時間的にのんびりと行い，子どもたちにしっかり考えさせることが大切である。

　再挑戦したときもわり切れない子どもがいたら，個別に計算を見てあげる必要がある。
「2回連続駄目だったか。念のため，隣の人に正しく筆算ができているか見てもらってね」
といった感じでチェックしてもらうようにする。ただ，あまりわり切れる感を出し過ぎると運試しというゲームが成立しなくなるので，雰囲気を見ながら進行していく。

　一人の子どもに，例として黒板に筆算をしてもらった（図1）。

```
          4 9 3 3 5
    7 ) 3 4 5 3 4 5
        2 8
        6 5 3 4 5
        6 3
          2 3 4 5
          2 1
            2 4 5
            2 1
              3 5
              3 5
               0
```

（図1）
「次は，7でわった商を11でわってください」
　このとき，また
「えーっ！」
という声。話を聞くと，わる数が2桁になったことに驚いたというのだ。早速子どもたちは計算を始めた。しばらくすると教室のあちらこちらで，
「われたー！」
「できた！」
という声が聞こえる一方で，

「だめだー！」
という反応も見受けられた。ところが，面白いことに，2回目のときには
「きっと必ずわり切れるんじゃないかな」
と言って，わり切れなかった友だちの筆算を見に行く子どもが現れた。しばらく様子を見ていると，
「ほらー，やっぱりわり切れた」
と筆算の間違いを見つけて修正した。結局，ここまで全員がわり切れた。一人の子どもには，例示として先ほどの続きとして筆算を書いてもらった（図2）。

```
          4 4 8 5
   1 1 ) 4 9 3 3 5
         4 4
         5 3 3 5
         4 4
           9 3 5
           8 8
             5 5
             5 5
              0
```

（図2）
「先生，これ絶対わり切れるんじゃない？」
と疑いの目を向けてくる子どもがいたが，
「いやー，みんな今日はラッキーだよね。だって11でもわり切れたんだから。さあ，それでは最後の数だよ」
と次に展開した。
「最後のわる数は，13です！　11でわった商を13でわってください」
と言って板書した。すると，やはり子どもは
「えーっ！」
と言った。13は最もわり切るのが難しそうな数だというのだ。この感覚をもてること自体

素晴らしいことだ。子どもたちは，すぐに筆算に向かった。
「やったー，わり切れた！」
という喜びの声が上がった。
「よかったね。今日はラッキーだ！」
と返し，板書をしてもらった（図３）。

```
       345
  13)4485
      39
       585
       52
        65
        65
         0
```

（図３）

2 なんで，もとに戻るの？

一方で，
「やっぱり～！全部わり切れるようになっているんでしょ！」
と必ずわり切れるしかけになっていると考える子どももいた。さらに，
「この答え，面白い！」
と新たな発見をする子どもも現れたのである。

この新たな発見について
「面白いってどういうことかな？」
と問い返した。
「だって，答えが最初に自分が考えた３桁の数になったから」

この説明に，みんながそうだと頷いた。そして，
「なんで，もとに戻るの？」
という問いが自然に生まれた。その言葉を板書して，１つのめあてとした。

そして，次のように説明しながら式を板書した。
「この345345の数で考えてみると，７でわって，11でわって，13でわったら，答えが345になったんだよね」

$$345345 \div 7 \div 11 \div 13 = 345$$

「どうしてもとの３桁になったのかな？」
と投げかけて，しばらく時間をとって考えてもらった。すると，子どもから次のような考えが出てきた。
「345に７と11と13をかけたら，345345になったよ！」

この考えを聞いた子どもの一人が，
「$12 \div 3 = 4$ のとき，$4 \times 3 = 12$ だから，答えにわる数をかけたら，わられる数になるのはあたりまえじゃない？」
と話した。このとき，
「わかったことがあります」
といってまた手を挙げる子どもが現れた。
「$7 \times 11 \times 13$ は，1001になります」
と言った。この発言に対して，
「それがどうしたの？」
と別の子どもが尋ねたので，さらに説明を加えた。
「345に1001をかけるというのは，まず1000をかけると345000になります。それに×１の分を足すから，$345000 + 345$ になります。だから，どんな３桁の数でも，２回並ぶように６桁の数ができると思います」

このような説明を聞いた子どもたちは，

エレガントな解法を求めて

「そういうことかー」
「7と11と13でわるって1001でわることだから，もとの3桁の数になるのか」
と納得していった。ペア同士で説明する時間もとって，7と11と13でわることの意味を理解していったのである。

3 問題を発展させる

次時の授業では，同じように「今日のラッキーな人は誰かな？」と板書して，次のように言った。
「では，好きな2桁の数をノートに書いてください」
「その数を3回並べて，6桁の数を作ってください」
（例）252525
「昨日と同じようにわる数を言っていきますよ。今日はちょっと大変です。4回全部わり切れたらラッキーとします」
そう伝えると，
「えー，4回もあるの？」
「でも，また全部わり切れるんじゃない？」
と子どもたちは，いろいろな反応を見せた。
「それでは，最初のわる数は3です」
このように前時と同じパターンで筆算を始めた。このあと，わる数は，7，13，37と続く。みんな素数で一見してわり切れそうもない数である。
わり切れない友だちがいると，すぐに近くに行って，筆算を見直した。子どもたちには，必ずわり切れるはずだという思いがあったからである。最後，÷37の計算を終えた子どもたちは，

「ほらーやっぱりわれたよ！」
「あっ？　また元にもどった！」
といった声が聞こえた。その後，すぐに
「なんでかわかった！」
と続いた。子どもたちはわり切れることは当然で，そのことよりどうして元の2桁の数になったかに関心を寄せた。前時の数学的な見方が働くのだ。その段階で，「なんで元の2桁の数にもどったのかな？」とめあてを板書した。
しばらく時間をとってから，子どもたちに発表してもらった。
「昨日の問題と同じように考えました。3×7×13×37＝10101になります。例えば，25×10101は，25に10000と100と1をかけることです。25×10000＝250000，25×100＝2500，25×1＝25です。250000＋2500＋25＝252525になります。どんな2桁の数でも3回並ぶように6桁の数ができます」
「252525をこの10101でわっているから，もとの25になります」
このような説明をみんなで何度もして，理解を深めた。なぜそうなるのか，の説明に逆算のかけ算を用いて，しくみを理解しようとした。
最後にある子どもが言った。
「先生，これ運試しじゃないよね。でも，面白かった。お母さんにやってみよう」
わり算の筆算の習熟，そして探究の問題として4年生と毎回行う授業である。

特集 2

提起文

盛山学級の STEM⁺ 総合活動の探究

1 STEM⁺総合活動とは何か

2019年2月に本校で行われた初等教育研修会の総合活動分科会において，本校が伝統的に行ってきた児童の問いを基盤にして追究する「総合活動」と，現代的な課題に対応したSTEM教育を融合しようとする「STEM⁺総合活動」（ステムプラスそうごうかつどう）が提案された。

「＋」という記号に子どもが本来持っている力（問いをもつ力，素直さ，生き生きとした意欲）をイメージしようと考えた。

その上で，「STEM⁺総合活動」の意味を次のように定義した。

> イノベーションを創り出す力を育てるために子どもが本来持っている力を活かして，子どもが決めた課題を，科学，技術，数学，芸術等に関わる内容を，横断的・総合的に　活用して追究する活動

その後，2019年度には，本校の全学級がSTEM⁺学級総合に取り組み，2020年8月の研究発表会の研究紀要にその内容を発表した。その際，STEM⁺学級総合の今後の課題を，次のように確認した。

・子どもが主体になるプロセス重視，文脈重視の活動を行う。

・STEMのS，T，E，M等が果たす役割について検討する。

2 STEM⁺総合活動のS，T，E，M（，A，L）の役割

STEMの要素は，S，T，E，Mだけでなく，AとLを含めることを考えている。名称としては「STEM⁺」にしているが，定義にあるように，実際には子どもたちのよりよい追究活動に芸術的要素は欠かせない。また，ICTを活用して世界と容易につながることが可能になったグローバル社会においては，コミュニケーションに必要な英語，国語などの言語に関する内容も重要であることから，L（Language）を入れる可能性を模索している。

というわけで，25学級の実践をS，T，E，M，A，Lの6つの視点から分析した。子どもたちが課題を追究する中で，6分野のどの内容がどのような役割を果たしたのか，その結果，子どもにどのような変容が見えたのかを考察したのである。

その結果，S，T，E，M，A，Lには，次のような役割があると考えた。

S【Science】

・事象を解明するための方法を与える。

（対象と向き合い，見いだした事実をもと

に，自分なりの予想や仮説を立て検証する。）

・事象の理由や根拠を説明する。

T【Technology】

・必要な情報を収集する。

・効率よく情報を処理する。

・情報について共有したり，共感したりする。

・情報を豊かに表現したり，より多くの人に発信したりする。

E【Engineering】

・ものづくり自体を課題にする。

・可視化することで，イメージしたり，新たな気づきが生まれたりする。

・新しいものや仕組み，価値を創り出す。

A【Art】

・対象をより美しく，より豊かに表現する。

・一度できあがった「モノ」や「コト」を見直し，こだわりをもって理想に近づける。

M【Mathematics】

・事象を数理的に分析することで事象の特徴を捉える。

・事象を数理的に考察することで問題を解決する。

L【Language】

・自分の思いや考え，判断したことを相手に伝える。

・相手と豊かにコミュニケーションをとる。

・取り組みを記録・整理し，目的に応じて発信する。

　上記の内容は，多くの実践事例を帰納的に分析する中で得たものであり，より実践を積み重ねる中で加筆修正されていくものである。

③ 盛山学級の STEM+ 学級総合の取り組み

　本特集では，4つの実践をご紹介する。その実践と STEM とのつながりは次の通りである。

（1） BBC micro:bit で方位磁石を作ろう！

　この実践は，micro:bit にプログラミングを行い，3年生に役に立つ方位磁石をつくる実践である。T（技術）の活用による課題の達成を目指した。

（2） 黒板アートで表現する私たちの想い

　この実践は，傷んだ壁を見せないようにするために，その上に黒板アートを飾った。画題には，新型コロナのためになくなった行事を描いた。A（芸術）の活用による課題の達成を目指した。

（3） 投てき板リニューアル

　この実践は，傷んだ投てき板をリニューアルしようとする試みである。板の張替やデザインの考案，段取りを踏んでペンキを塗った。E（ものづくり）や A（芸術）の活用による課題の達成を目指した。

（4） お笑いをつくろう！

　この実践は，吉本新喜劇を観点を決めて分析することで，特徴を捉える。その分析を活かしてお笑いをつくる取り組みである。分析の際，エクセルでグラフに表す。T（技術）や M（算数）の活用による課題の達成を目指した。

クラスが1つになる

BBC micro:bit の実践

BBC micro:bit で方位磁石を作ろう！

1 BBC micro:bit とは？

BBC micro:bit（以下，本稿ではマイクロビットと表記する）は，イギリスで開発されたプログラミング教育の教材で，右のようなマイコンボードのことである。

ユーザーがプログラムを組むことで，マイコンボード自体の多様な機能を作動させたり，他の機械を動かしたりすることができる。

マイクロビットは，イギリスの約100万人の生徒（日本の中学1年生にあたる）に無償配布されている。

特徴が2つある。1つ目は，マイクロビットに対応したプログラミングソフトは，図1のようにブロックを組み合わせるだけでプログラムを書くことができる点である。

（図1）

2つ目は，そのプログラミングソフトに，パソコンからマイクロビットにプログラムを送る前に，動作を確認できるシミュレーター機能がある点である。試行錯誤をしながらプログラミングするのに大変役に立つ。

2 実際の授業 「方位磁石を作ろう」

（1） 授業の構想─問題発見から教材化─

マイクロビットを用いた授業を考案する時に最も大切にしたのは目的であった。プログラミングのためのプログラミング学習をするのではなく，身の回りの生活を改善するためにプログラミングを用いる。そうすることで，プログラミングのよさを伝えたいと考えた。

そのために問題を見つける必要があったので，理科や社会科の先生に話を聞きに行った。

社会科の先生から興味深い話を聞いた。3年生の社会科では春先に「まち探検」という学習をする。方位磁石を使うのだが，今ある方位磁石の性能があまり良くなく，安定して北を示さないものがある。また，子どもの方位に関する興味関心ももう1つであるというのだ。

この話を聞いて授業のストーリーを思いついた。マイクロビットを使って方位磁石を作り，3年生に使ってもらうという構想である。

（2） どうやって方位磁石を作るのか

マイクロビットは LED 表示だけでなく，タッチセンサー，加速度センサー，地磁気セ

ンサー，温度センサー，光センサーがついている。この中の地磁気センサーを活用するプログラミングを行うことで方位磁石を作ることができる。

　具体的には，図2のようにマイクロビットの頭が北に向いたときだけ「N」と表示するようにプログラミングをする。

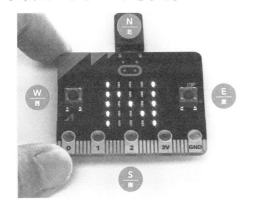

（図2）

　そのためには，図3のようにどの方角を向いた時にLEDが光るかを数値で指定する。指定した範囲を向いたときに，「N」と表示させるのだ。

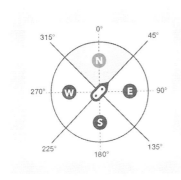

（図3）

（3）　実際の授業での子どもの悩み

　最初は，方角＝0°の時にLEDに「N」と表示させる，とプログラミングした子どもが

ほとんどであった。

　シミュレーション機能では，何とか針を0°の方角に向けて「N」と表示させることができたが，実際にダウンロードしてマイクロビットを持って動かしても「N」と表示しない。それは，0°の範囲が狭すぎるからであった。マイクロビットを動かしている内に，0°の方向を一瞬で通り過ぎてしまうのだ。

　そのことに気付いた子ども達は，330〜0°（360°），または0〜30°の時に「N」と表示させるといった範囲を考え始めた。

（4）　3年生のことを考えて修正

　これでうまくいくという流れになった時，ある子どもが次のように発言した。

「これでは3年生が危ないよ」

　その子の考えはこうだった。

「マイクロビットは腕時計のように腕に巻いて表示を見るでしょ。その表示を見ながら歩くのは危ないと思います。だから，北を向いた時に音を鳴らすようにすればいい」

と話した。この意見にみんなが賛成した。音を出すことができることも知っていたからだ。ある子どもは，ある一定の範囲を向いた時に「N」を表示し，『ピンポーン』という音を鳴らす，というプログラミングをしていた。

　テクノロジーが活用される社会の理解は急務だが，人間生活の何にどう使用するのかは人間の人間らしい判断が必要なのだと考えさせる場面であった。

【参考文献】「BBC micro:bit」Webサイト，https://microbit.org/（閲覧日2018-12-18）

クラスが1つになる
黒板アートの実践

黒板アートで表現する私たちの想い

1　問題発見と解決のためのアイデア

本校の3階にある講堂に上る階段がある。この階段の途中の踊り場にある白い壁が，かなり傷んでいた。この壁をどうにかしよう，という思いがそもそもの始まりだった。

壁を直すには，お金がかかる。その他の方法として，1年生の教室の飾りつけに用いた黒板アートで飾り付けをしようという案がでてきた。

1年生の教室の飾りつけは，毎年6年生が行っている。しかし，今年は，新型コロナの影響で，飾り付けのために教室に入ることが許されなかった。

飾り付け係のメンバーは肩を落としたが，その中でも強い想いをもっている子どもがいた。自分が1年生のときに黒板に素敵な絵を描いてもらったことを覚えていて，自分が6年生になったら同じように黒板アートで飾り付けをしたいと思っていたのだ。

あきらめきれないその子どもは，自分でいろいろ調べて黒板シートという物があることを見つけた。その黒板シートに絵を描いて，1年生の教室に掲示すればよいと考えたのである。絵を描くのは別の場所で行い，完成したら教師が掲示をしにいく。とてもいいアイデアで，これによって，見事な飾りを1年生の教室に

つくることができた。（下の写真参照）

このときの成功例を思い出して，その傷んだ壁に黒板アートを飾ろうと発想した。そして，その黒板アートには，無くなった行事を描き，私たちの想いを表現しようということになったのだ。

2　黒板アートの作成から設置まで

絵を描くのは主に係の子どもが担当したが，絵の設置のための大工仕事や掃除，記録としての撮影等は，別の子どもたちが担当した。

【休憩時間に絵を描く子ども】

【設置のための大工仕事に取り組む】

【絵を取りかえているときの様子】

【第1回目の絵の設置。みんなで協力】

【最初の絵は、「富浦でがんばる6年生」】

クラスのみんなが1つになって取り組むことができた。初めて飾った絵は、富浦遠泳の様子で「富浦でがんばる6年生」という名前をつけた。黒板アートは、アクリル板をあてて保護したので、光沢があるような仕上がりに見えた。ちなみにこの絵は、アクリル板を開けて、取り換え可能にしたので、次は運動会、若桐祭の絵を飾った。12月にはクリスマスの絵、1月にはお正月の絵である。

在校生の中には、この絵を楽しみにしてくれる子どもも現れた。校長先生にも「いつも絵を見るのを楽しみにしているよ」と声をかけていただいた。

みんなが目をそむけたくなる壁があったその踊り場は、いつの間にか人が足を止めてくれる場所に変わったのである。

【下の写真は、最後に飾った黒板アート、「卒業」である】

クラスが1つになる
投てき板リニューアルの実践

投てき板リニューアル

1 問題発見とデザインの検討

第一運動場に下の写真のような投てき板がある。

子どもたちは、この投てき板にも目を付けた。それは、古いもので傷みが見えたからだ。黒板アートの成功も影響して、子どもたちは学校にあるものの修復、改善という観点で課題を見つけようとした。そこで見つけたのがこの古い投てき板だった。

普段は運動場の片隅にあって目立つものではないが、ドッジボールが盛んなこの学校では、子どもたちがボールを投げて当てて楽しんだりする。

この投てき板のペンキを塗り直して新しくしたいと考えた。そこで、最初にやったことは、デザインの検討だった。体育科の先生に自分たちの考えたデザインを提案し、ご意見を伺った。投てき板は体育の授業でも使用するので、勝手にデザインをするわけにはいかない。何度も意見を伺い、長い時間をかけて決まっていった。下の写真は、提案したいろいろなデザインである。

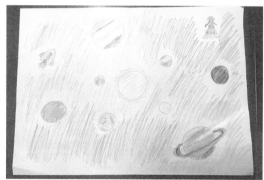

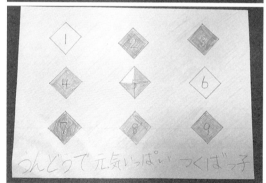

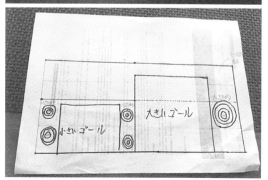

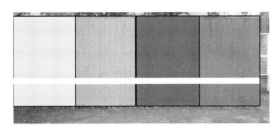

筑波大学附属小学校は，各学年1〜4部まで4クラスある。各クラスにはクラスカラーがあり，1部（黄），2部（緑），3部（紫），4部（赤）である。その4色をデザインに取り入れることにした。

２ ペンキを塗るまで

ペンキ塗りは，自分たちの力だけでは難しいので，図工の先生に相談し，いろいろ教わりながら仕事を進めた。腐った板の張替まで行った。

その後は，白アリが上がってこないように投てき板と地面を離すために土を少し掘ったり，板を雑巾で拭いて掃除をしたりした。

それが終わったら，いよいよペンキ塗り。下地に白色のペンキを塗り，その上に1部〜

4部の各クラスカラーの4色の色を塗っていった。

最後にテープをとれば，下地として塗っておいた白色の直線が現れるという段取り。

このすべての行程が終わるまで数か月を要したが，クラス一丸となって取り組んだこの活動は，子どもたちに自信を与えてくれた。

【完成した投てき板の前で記念撮影】

クラスが1つになる
お笑いづくりの実践

お笑いをつくろう！

──お笑いを分析し，特徴を捉える

■ 「お笑い」を課題にする

　4年生の総合活動からの流れを受け，5年生の総合活動で，「お笑い」に取り組むことにした。

　話し合いをすると，「お笑いとは何か」，「お笑いはどうやってつくるのか」，といった疑問が出された。

　どうやってお笑いをつくるかについては，いろいろな意見が出された。その結果，まずは「一流の喜劇をみんなで見よう！」ということになった。ビデオで見るのではなく，本物から学ぶという意見に皆賛同したのである。これが決まると，子どもたちは，わくわくし始めた。

　話し合いの結果，新宿で見ることができる吉本新喜劇を観劇することになった。これについては，学校，保護者の了解を得ていたので，休日の土曜日に全員で観劇をすることができた。

　観劇を終えた際，吉本新喜劇の座長である石田靖氏が現れ，話しかけてくれた。子どもたちはとても感激し，吉本新喜劇を見た感想を伝えることができた。

　翌週の総合活動の時間に，子どもたちから「石田さんにお笑いを教えてもらえないかなあ」という意見が出た。そこで，思いだけでも伝えようということになり，下のような写真を同封して，全員からの手紙を送った。

その週末の総合活動の時間に，石田靖氏が同じ新喜劇の芸人を2人連れてサプライズの訪問をしてくださった。

【石田靖氏はじめ芸人さんたちが来校】

このとき，石田靖氏から学んだことは，次のような笑いの基本についてであった。

【笑いの基本】
1．「常識的な振り（言動)」
2．「常識外れのボケ」
3．「即座のつっこみ」

2 「お笑い」を分析する

お笑いをどうつくるかという問いは，子ども達に大きな課題として重くのしかかった。最初は，「サンドウィッチマン」などのお笑い芸人のまねをして，みんなを笑わせたりしていたが，知っているネタが尽きると，はたと立ち止まってしまった。どうすれば笑いがとれるのか。

子ども達は悩んでいた時に，吉本新喜劇のVTRを流した。みんなで観劇した内容とは異なるもので，子どもたちはそれを食い入るように見た。

どんなときに笑いが起きているのか，ノートにメモを取るようにした。すると，たった

9分ほどの映像であったが，その間になんと47回も笑いがあることに気がついた。

何度もVTRを見て，笑いが起きる観点を次のように整理していった。

① 言葉のボケ
　・反対のことを言う　　・言い間違える
　・タイミングをずらす　・うそを言う
　・言葉の意味を変える
　・失礼なことを言う
② 動作のボケ
　・扉をける　　　　・いすを引いて転ばせる
　・店員が商品を食べるなど
③ ありえない理由／根拠
④ 劇の中でのコント
　・一人でボケとつっこみ
　・登場人物のまね　　・回想シーン
　・舞台上の登場人物には分からないようにするが，お客さんにはわかるように説明
　・歌で伝える
⑤ 固定したギャグ
　・じゃまするなら帰って
　・ローテーショントーク　など
⑥ ダジャレ
⑦ 急にテンションを変える
⑧ 同じ笑いを繰り返す
⑨ 表情を変える
⑩ 笑ってごまかす。または，沈黙
※人をいじる・個人のマイナスの特徴を何かにたとえる（これはしないことにした）

❸ 分析した結果をグラフに表す

笑いが起こる観点を整理して，笑いの回数をみんなで数えた際，自然に観点別に数えている子どもがいた。数にすると特にどの観点の笑いが多いかがわかり，私たちの喜劇づくりの参考になる。そのときに，さらにグラフにしたらもっと分かりやすいという意見が出た。そこで，単純な大小比較でいいので，棒グラフに表すことになった。

算数の時間を使って，グラフにする活動を行った。観点別に数を数えたら，グループごとにエクセルを使って，次のようなグラフを作成した。

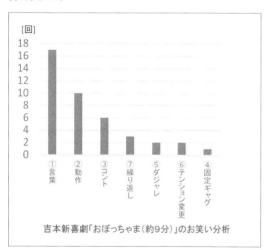

吉本新喜劇「おぼっちゃま（約9分）」のお笑い分析

上図は，吉本新喜劇「おぼっちゃま」のある場面についての分析である。

これを見ると，明らかに「言葉のボケ」による笑いが多いことがわかった。

最初は，「言葉のボケ」というものを一括りに考えており，何か言葉で変なことを言って笑わせたら笑いの1回として数えていたのである。

しかし，ある子どもが「言葉のボケもいろ いろあるから，もっと詳しく調べてみよう」と言い出した。

そこで，改めて「言葉のボケ」に絞って，どのような種類の「言葉のボケ」があるのかを考えることにした。

次のグラフは，その「言葉のボケ」をさらに分類整理して表したものである。

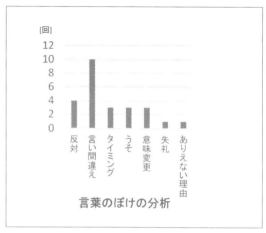

言葉のぼけの分析

※例えば，言い間違えとタイミングをずらすの両方を満たしている場合，両方で数えられている（重複あり）。

これを見て，わざと言い間違える「言葉のボケ」が最も多いことがわかった。

例えば，二人組の男性と一人の女性が会話する場面がある。一人の男性がダジャレを言ったので，ダジャレを言った本人も含めて男性二人が大笑いをする（女性は笑っていない）。これがいわゆる「振り」である。

男性二人は，自分たちが笑った後に，相手の女性に対して，「そんなに笑わないでください」と言う。これが「言葉のボケ」である。

それに対して，近くにいた別の人が「いや，まったく笑っていないでしょ」と即座に突っ込みを入れる。

このようなやりとりが，吉本新喜劇には多いことがわかり，これから喜劇をつくろうとする子どもたちにとって，大きな収穫であった。

このような分析は，STEM⁺総合活動のM（算数）やT（テクノロジー）の活用ということになる。

④ グループでお笑いづくり

4人ずつのグループに分かれて，脚本づくりから始まった。脚本づくりは難しかったので，子ども達との話し合いによって，全くのオリジナルでなくてもよいことにした。

> ① 昔話をアレンジしてつくる。
> ② 今まで見た吉本新喜劇を真似てつくる。
> ③ 自分たちのオリジナルな脚本をつくる。

①と②で作ることもよいことにしたら，子どもたちの脚本づくりは進んだ。そして，大切なのは，すぐにやってみること。脚本がある程度進んだら，その場面を実際に演じてみる。しっくりきたら，次の脚本に進む，といったように，脚本づくりと演技を同時進行で進めるようにした。

2時間目からは，完全にグループごとに分かれ，脚本づくり，演技づくりを行った。ある程度できた班からみんなの前で発表してもらい，みんなから意見をもらって修正を図った。最終的にできた脚本は，次のようなものであった。紹介する脚本は，あるグループが作ったオリジナルなものである。

［2月14日（金）初等教育研修会における総合活動の提案授業で発表する］
題名「ホテルスーパークリーン」
出演（ゆきな，つむぎ，りゅうへい，りひと）

【初等教育研修会での提案授業（2020.2.14）】

ゆきな　あー，やっとついたか。

つむぎ　そーだねー。ここがホテル「スーパークリーン」かあ。

ゆきな　ブログには，ぴかぴかだって書いてあったよ。

つむぎ　私きれい好きだからすごい楽しみ。

ゆきな　こんにちはー。
（ホテルに入る）

りゅうへい　いらっしゃいませ。私は支配人のダイソンです。

りひと　私は，ルンバと申します。

つむぎ　なんかジャパネット高田で聞いたような名前だわ。

ゆきな　ホームページに書いてあったとおりね。とにかくホテルがぴかぴかって書いてあったから。
（あたりを見回しながら）

りゅうへい　当ホテルは，TTきょうだいを

モットーにしています。

つむぎ　えー，どういう意味ですか。

りゅうへい　つるつるてかてかということです。

つむぎ　私の担任の先生と同じだわ。

ゆきな　きょうだいという言葉は関係ないんですね。

りひと　それではこちらへ。チェックインをしましょう。

　　　（歩いていくときに，ごみを1つ落とす。）

りゅうへい　きぇー。

　　　（二人が争うようにごみを拾う。）

つむぎ　どうしたんですか。

りひと　ごみを拾ったのです。うちでは，3秒ルールがありまして，ごみが落ちたら3秒以内に拾うというルールです。

ゆきな　すごいルールですね。

つむぎ　へー。（ごみをもう1つ投げる）

りひと　うわー。（二人がまた必死に拾う。）

ゆきな　犬みたいだね。

りゅうへい　からかわないでください。

　　　（はあはあとした息づかい）

りひと　では，チェックインを。こちらに用紙にお名前をお書きください。

ゆきな　（ペンをもらって書く。）

　　　はいどうぞ。

りひと　ちょっとお待ちください。

　　　（手袋をはめて受け取る。）

　　　ありがとうございます。

　　　（匂いをかぎ，鼻をつまんで）

　　　くっさー。（消毒してふく）

つむぎ　ちょっと，失礼じゃないですか。そんなにきたなくありません。

りひと　いえ，人間の手には多くの細菌が付着していますので。

りゅうへい　申し訳ございません。当ホテルは，TTきょうだいをモットーにしておりますので。

つむぎ　つるつる，てかてかって言えばいいでしょ。わかりづらい。とにかく，あなたも人間でしょ。

りゅうへい　いえ，私はダイソンです。

りひと　私は……。

ゆきな　ルンバでしょ！

つむぎ　もういいわ。荷物を預かってください。

りひと　かしこまりました。こちらの荷物ですか。

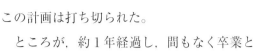
ゆきな	そうよ。お願いします。
りひと	（手袋をはめ，荷物を2重にくるむ）
ゆきな	ちょっと，やりすぎですよ！部屋に持っていくだけでしょ。
りゅうへい	申し訳ございません。当ホテルは，TT きょうだいをモットーにしておりますので。
つむぎ	もういいですよ。とにかく運んでください。私たちでどうにかしますから。 （部屋に到着する。）
りひと	どうぞ，こちらのお部屋になっております。
ゆきな	なにこれ，きたなーい。
つむぎ	ベッドメーキングも何もしてないわよ。
ゆきな	ごみがちらかっているし，髪の毛まで落ちてるー。
つむぎ	どういうことよ！　このホテルはきれい好きなんでしょ。
りゅうへい	申し訳ございません。前のお客様がご使用になられた部屋がきたな過ぎて触れないんです。
りひと	すみませんが，掃除をしておいてください。
つむぎ・ゆきな	もういや！

（終わり）

5　新たな劇づくりへの挑戦

　次は，いよいよクラス全体での喜劇づくりへの挑戦ということになった。しかし，ここで思わぬ事態に。新型コロナウイルスの流行によって，休校になってしまったのである。

劇づくりどころではなくなってしまい，一旦この計画は打ち切られた。

　ところが，約1年経過し，間もなく卒業という「今」，令和3年2月下旬，もう一度劇づくりに挑戦し始めた。今度は喜劇ではない次のようなストーリーを一人の女の子が書いた。

　それは，感染症対策に翻弄される学校が舞台。防護服に身を包み，授業を受ける子どもたち。そんな中，子どもたちの自立的行動が始まる。学校の秘密基地で会合を開き作戦会議。ある時，先生や親に内緒で学校をエスケープする。日帰りで山梨県の清里や千葉県の富浦に出かけたのだ。それは，6年生の子どもたちの聖地。山の清里合宿や海の富浦合宿の場所。新型コロナの影響でなくなった行事の場所に出かけた子どもたちは，現地で何を思い，何を語り合うのか。

　最後は，学校の講堂に集まり，久しぶりに歌をみんなで1つになって歌う。そして，気が付く。どんな状況であっても，学校生活をつくるのは自分たち自身であることを。行事があるから楽しいのではない。自分たちで楽しいことをつくりだすことが大切なんだと。

　この劇は，パートごとに iPad 2台を使って場所を変えて撮影をしている。防護服も子どもたちの手作り。監督もカメラも全て子ども。卒業までに間に合うかわからない。でもそんなことは，どうだっていい。この子ども達の「美しい姿」を見ているだけでいつも胸がいっぱいになる。

読みの「問い」をデザインする
――物語『きつねの窓』（教育出版6年下）

筑波大学附属小学校 国語科　白坂洋一

1 「問い」をデザインする

「でも，なぜ，きつねは鉄砲をくださいと言ったんだろう？」一人の子が発した問いです。

国語科独自が抱える課題に，授業が教師主体で構成されているという点があります。これまでの国語科では，先の問いを，教師の側が発していました。これからは「子どもの学ぶ『筋』」を尊重した国語科授業に変わっていく必要がある，と私は考えています。言語主体育成の観点から，国語科授業における「発問」に私は着目しています。発問は，教える側と学ぶ側の筋を一致させる授業展開の要であり，学習者の思考を促し，授業の中心的役割を担う授業技術です。「発問」を検討する中で，ある仮説が立ち上がりました。

――これまでに培った読みの方略，観点を用いることで，子どもの側が「問い」を創り，デザインすることができるのではないか――

仮説をもとに授業設計し，実践したのが，物語「きつねの窓」です。グループで，問いを1つ立てる。問いを検討する過程で，子どもたちの読みの方略，観点は発揮されます。つまり，問いを検討すること自体が読む行為そのものなのです。

問いを立て，検討したその後の子どもたちとの授業は「おもしろい」の一言に尽きます。「だったら，きつねの本当のねらいは？」「物語の中で，ぼくはお母さんにだけは出会えていないんですよね？」「青いききょうの花言葉は『永遠の愛』」など。デザインした問いを話題に読みを交流することを通して，文学体験を豊かなものにしていきました。

2 新たな授業実践が生まれた盛山学級

盛山学級の子どもたちと出会っての3年間。今思えば，子どもたちとの授業の中で新たな実践の数々が生まれてきました。

「54字作文」の教材開発，「感想型」「論理型」など文種に合わせて具体化された要約指導，物語「ごんぎつね」では自分の読みを詩・短歌・俳句で表現しました。そして，読書活動としての学年別ブックリストづくり，先に紹介した読みの問いづくり……。数々の，新たな授業実践が生み出されたのが盛山学級の子どもたちとの3年間の国語科授業でした。

盛山学級の子どもたちへ

「四字熟語×ドッジボール」徹底的にルールを話し合い，新たな国語遊びを開発し，創る愉しさを私も味わいました。

「卒業証書授与式」あなたたちのこれからの旅立ちを心から祝って，この言葉を私なりの「書」で精一杯，表したいと思います。3年間を本当にありがとう！

5年生「もう一つの谷中村」
——念願の盛山学級との公開授業のこと

筑波大学附属小学校 社会科　**粕谷昌良**

1　念願の公開研究会での授業のこと

　盛山学級が5年生だったときの2月の公開研究会で社会科の授業をさせていただきました。4年生の頃から授業を受け持たせていただいていて，とても雰囲気のよい学級でしたのでぜひ公開研究会をしたいと思っていました。しかし，考えることはどの専科の先生も同じで，公開となるといつも盛山学級の奪い合い（？）でした。ですから，この日は私にとっては念願の盛山学級での公開授業となったのです。

　題材は，足尾銅山鉱毒事件による谷中村の遊水地化とそれに関わった人々を取り上げました。この件に関しては，田中正造の活動が有名ですが，正造以外にもたくさんの人々が移住したり，生活を奪われたりするなど公害問題の元祖として知られています。現在の日本国憲法とは異なる大日本帝国憲法のもとで起きた事件でしたので，「人権」の対する意識や補償がなされていない大変厳しい状況でした。私は，5年生の終わりにこの学習をすることで，新年度の6年生の憲法学習につなげるためにもとても良い内容であると感じていたのでこの授業をすることに決めました。

　当日の授業は，現在ではラムサール条約登録湿地になっている「渡瀬遊水地」の楽しいガイドマップから入ります。しかし，そのガイドマップをよく見ていくと，「慰霊碑」「旧」「跡」「最後の戦いの地」などが記されていることに気づきます。楽しかった雰囲気から何やら不穏な空気が教室に漂っていきます。次に，谷中村があった当時の写真を見ていくと，小屋の写真に「強制破壊」という文字が書かれています。強制とは，「その人の意思にかかわらず，あることを無理にすること」という意味です。「無理やり破壊されたのか」と教室は静まりかえります。そこで，実際の強制破壊の様子を克明に記した文章を丁寧に読んでいきます。悲惨さに心を打たれます。読み終わると「どうして強制破壊されなくちゃならなかったの？」という呟きが聞こえてきます。この時間はここで終了です。次の時間からは「どうして強制破壊されたのか」を追究していくことになりました。実は，その後コロナ禍のため，休校になってしまいました。授業の続きは……。

　一生懸命考え，自分の思ったことを素直に表現できる盛山学級の皆さんとの学習はこの日もとても楽しい時間になりました。

盛山学級の子どもたちへ

自分の考えを素直に言える雰囲気があり，真剣に学ぶ姿とユーモラスな面を合わせ持った素晴らしい子どもたち。間違いの多い私を，いつも広い心許してくれました。どちらが教師だかわかりませんでしたね。皆さんと学ぶことが楽しみでした。3年間ありがとうございました。

日常生活とつながる理科

筑波大学附属小学校 理科 **鷲見辰美**

1 理科は暗記教科？

中学生，高校生にアンケート調査をすると，理科という教科が暗記教科と思うようになったときから，理科から離れていくことが見えてくる。実は，理科という教科は，知識というより科学的な思考を学ぶ教科であるが，テストの影響であろうか，暗記教科と感じてしまう子も多いようである。

そこで，理科を学ぶ目的がテストのための知識獲得にならないようにするために，日常生活との関連を意識して学習を進めるようにしている。水溶液の学習では身近な水溶液を持ってきて，その液性を調べる活動を行った。そして，電気の利用単元では，各家庭の電化製品の消費電力を調べる活動を行うようにしている。

2 日常生活とのつながり

単元「電気の利用」では，コンデンサーに蓄えた一定の電気で，LEDと豆電球，モーターをどれくらい光らせたり，動かしたりすることができるのかを学ぶ。

この時に，同じ光を出すものなのに，豆電球とLEDではこんなにも消費電力が違うのかとあらためて考えさせられることになる。

それでは，家の様々な電化製品はどれくらいの電気消費なのだろうか。予想した後，各家庭で調査してくることにする。電化製品の消費電力はW（ワット）表示されている。

これは，電圧×電流であるが，日本のコンセントから流れる電気の電圧は全て100Vで一定なので，ワット数が大きければ多くの電気を消費すると考えればよいことになる。

調査をしてみると，意外に消費電力が大きいものや大型家電でも思ったより消費電力が小さいものがある。これまでとは違う視点で電化製品を見ることができるようになり，省エネについて考えることができるようにもなる。新たな視点をもてる，これが理科の学びのよさの一つだと思う。

盛山学級の子どもたちへ

いつも楽しそうに理科室にやってきて，実験を楽しみ，楽しそうに帰っていく。楽しみをみつける感性の鋭さは，科学的な追究をする上でとても大切な資質になる。これからもそれを生かして，自然のしくみの不思議さ，巧みさをたくさん見つけ出してほしい。

体と頭で楽曲を感じ取る感覚

筑波大学附属小学校 音楽科　笠原壮史

1　指揮を振ってみると

　2月，6年生を送る子ども会で歌う曲が決まった。私は，「なかなかつかみどころのない曲だな」という印象をもった。しかし，子どもたちに教えるために何度も聴いていると，だんだん素敵な曲に思えてきた。歌詞の内容や音楽の微妙な変化を感じ取っていくことで，その曲を好きになるものなのである。

　楽曲を理解しようとするとき，私はいつも指揮を振りながら口ずさむ。旋律の抑揚と腕の動きがだんだんとリンクしていき，そこに呼吸が合わさって，体と頭で楽曲を感じ取るのである。

　私は6年生の最後の学習として，子どもたちがこの感覚を体験することを目指すことにした。

　まずは，4拍子の基本的な振り方を確認する。次に，音楽の強弱を振りの大きさで表す。そして，弾む感じとなめらかな感じを振り分ける。必要な腕の動きはこれだけである。これを，私の「1，2，3，4」「強く～」「なめらかに～」などといった掛け声に合わせて確認していく。

　ここまでは，私から子どもたちへの「伝達」であるから，ともすれば退屈な時間になりがちである。しかし盛山学級の子どもたちは，こういうときにも実に楽しそうに，そして熱心に取り組むことができるので，ついつ

い私のテンションも上がり気味になる。

2　曲と合わせて振ってみる

　一通り指揮の振り方を確認したところで，「この曲はここで一番大きくなるね。一番大きい振り方をしてみて」と，強弱が最も分かりやすい部分について私から伝え，振り方の基準をもたせる。そして，「だったら始まりはどのくらいの大きさで振ったらいいかな？」と声をかけ音源をスタートさせる。

　すると，まずは「シーン」とした状態で黙々と指揮を振る。私は，子どもたちの腕と表情に集中する。曲の進行に合わせて，子どもたちの指揮は微妙に変化する。即座に価値付けしたいのだが，集中を途切れさせたくないので，ここはぐっとこらえて見守る。

　子どもたちは，耳で聴いて，強弱やなめらか具合（弾み具合）を判断し，振り方を決めている。そのため，腕の表現は曲のテンポから若干遅れる。曲の理解が進むと，これがどんどん同期してくる。学習は現在進行中。最終的にどのような表現になるのか，とても楽しみである。

盛山学級の子どもたちへ

　どんな活動も面白がることができる子どもたち。「面白がれる」というのは，今後の人生をより楽しいものしてくれるはずです。私も授業をするのが楽しかったです。

造形的，創造的に，高い「美意識」を持つ学びの集団

筑波大学附属小学校 図画工作科　**笠　雷太**

1　ディテールにこそ，魂はこもる

専科として図画工作科（以下，図工）の授業をしていると，子供一人一人の違いや特徴を感じるとともに，クラスという単位での特徴というのも強く感じるものです。

少々乱暴ではありますが，あえて2つに特色づけるとすれば，「大胆な発想や，奇抜なアイデア，ダイナミックな活動を好むクラス」と「丁寧で，細やか，最後までつくりきるクラス」と言えるかもしれません。もちろん私の主観ですが。

盛山学級の子供たちは後者です。いや，正しくは4年生からの成長の中で後者に「なった」クラスです。

荒々しさや幼さが残っていた4年生。紙コップを摘んだり並べたりする造形遊びを，大騒ぎで活動したことを覚えています。パレットを細やかに使うことがうまくできずにいた子もいました。課題に対して発想が浮かばず，なかなか自分の思いを持つことができない子もいました。

しかし，今では，私が今まで受け持ったどの6年生よりも「自分の思いを大切にし，最後までディティールにこだわる」図工集団に成長しています。アーティストというより「職人」に近い気質とでも申しましょうか。

2　一生使える「美しい○○」をつくる

この職人気質を持った，類稀な創造的なクラス。コロナ禍での限られた時間で，「2枚の板材から一生使える道具をつくる」題材だけは子供たちに経験させたいと思っていました。2部6年に，何としても卒業までに「未来の自分に向けた創造」を形にして欲しかった。

算数クラスだけあって，板材からの「面取り」の緻密な計算は見事！　そして，自分の思いを大切につくり，つくりかえながら，よりよいものを目指す後半での姿。「色にこだわる」「つくりにこだわる」「蓋や引き出しなどの仕組みの精度を上げる」「やすりで磨きあげる」など，ディティールにこだわる小学6年生の集団がそこにはありました。これこそまさに「美意識」！

盛山学級の子どもたちへ

毎時間，みなさんの図工に向かう姿に関心し，安心し，多くのことを学ばせて頂きました。ありがとう。皆さんが図工で見せてくれた素直な感性と夢中になる力，最後までより良いものを目指そうとする「職人気質」さえあれば，これからの人生で出会う全てのことが「学び」となることでしょう。この世界を形や色，イメージを通して楽しんでください！

どんな時でも変わらない "しなやかさ"

筑波大学附属小学校 体育科　齋藤直人

1　1つに絞れない

盛山学級の子どもたちは，集団としての"しなやかさ"があり，どんな時でも一生懸命に学びます。浮き沈みを感じたことがありません。なので，印象に残る授業を1つに絞るのが容易ではありませんでした。

2　5年生の秋

この日は，東京学芸大学附属竹早小学校で行われた体育の研究会で授業をしました。

会場に到着し着替えを済ませ，初めて授業を行う体育館に入ります。アウェイに緊張しているかと思いきや，本校の体育館にはないステージと授業で使うマットでおもいっきり遊んでいる子どもたち。明るい笑い声のお陰で私の緊張がほぐれたのを覚えています。

授業の前半はダブルダッチ。跳んでいる縄から抜けることが全体の課題でした。「抜けるときのコツとかヒミツってあるのかな？」と問いかけた後，グループごとに活動開始。それぞれが対話しながら試行錯誤を繰り返します。たまたま抜けられた状態から何となくコツが見えかけたところで全体での情報共有。「回数によって抜ける方向が違いそう」「奇数は右で，偶数は左っぽい」など，今ある考えを出し合い，グループごとに活動再開。しばらくすると「あっ！　抜けられた！」「やっぱりそうだ！」と歓声が上がります。お互いの考えを受け入れ，それを試し，目標に向

かっていく姿がそこにはありました。

後半は，はねとび。仲間同士のお手伝いを基本に，三点倒立の姿勢からブリッジ姿勢を経過し，着地することに挑戦しました。全員がやるべきことがわかっているので，すぐに活動が始まります。「倒立，安定してきたよ！」「マットを強く押してみたら？」「今，すごく良かったよ！」と，言葉はもちろん，お手伝いでも対話をしながら，学習を進めます。お互いのことを理解しながら，伸びようとする姿がそこにはありました。

盛山学級の子どもたちへ

お互いの個性を認めながら自然と学びに向かって1つになっていく雰囲気。男女の分け隔てなく，明るく前向きに対話し合う豊かな人間関係。この2つの柱がこの3年間揺らぐことはありませんでした。毎時間の授業が本当に幸せでした。

4年の初夏。清里の川で仲間と共に"しなやかに，たくましく"遊ぶ姿を忘れません。出逢えたことに，ただ感謝。

高学年のクラスづくりのために
大切にしたいこと

1 高学年の子どもの理解

　高学年の子どもは，思春期初期にあたる。低・中学年の頃は先生にまとわりついていたのに，突然「うざい」とか「きも！」といった暴言を吐くようになる。10〜15歳は「第二次性徴期」と言われ，身体の急激な変化とともに自我の目覚めも起こる年代である。精神的乳離れをしようとするが，その反面，反抗しても受け入れてくれる存在として教師や親を見ている。自立したいという気持ちと，甘えたいという気持ちの両面が混在し，そのような矛盾した感情に悩んだりする。さらに学習内容も抽象度が増し，「10歳の壁」に突き当たることもある。

　このように高学年になると子どもの内面だけでなく，取り巻く環境も変化するため，子どもは自己コントロールが難しくなるのだ。高学年の学級経営を考えるとき，まずはこのような特徴を理解しておくことが大切である。

2 問われる教師の接し方

　高学年の子どもと接するときに大切にすることを挙げてみたい。

(1)子どもと対等になってぶつからない，子どもを傷つけない

　子どもの暴言などの問題行動は，受け止めてもらえるだろうという甘えの裏返しの場合がある。また，愛情不足や友だち関係のトラブルの反動による場合もある。決してその子ども自身が悪いわけでではないと考えることが大切である。したがって，子どもとの衝突や対立が起こるのは，子どもと同じレベルにいるからで，上から目線という意味ではなく，教師という教育の専門家としての高みから接するようにする。たとえ自分が傷ついたからと言っても，お返しに言葉で子どもを傷つけるようなことはしてはならない。

(2)任せるが，見守る

　高学年の子どもは，仕事（勉強も含む）を任せられ，それをやり切り，教師や周囲の友だちから認められ，ほめられることで成長する。教師は，子どもが自分の力でできたと感じるように，そっと援助し，自尊感情をもてるような環境づくりをすることが大切である。少なくとも，任せて終わりではなく，しっかりと見守るようにする。手を離すが，目を離さずの姿勢をもつことである。

(3)受容的態度とほめる言葉

　ほめるには，こつがあると考えている。まずは子どもを見ること。学校生活の様子をよく観察し，他の先生からの情報を得るなどして，子どもを知ることが必要である。そして，子どもの話に耳を傾けること。子どもの言葉の中に，ほめるべき情報がある。そういう受容的態度があってはじめてほめる言葉が生まれてくるのだ。

　全ての子どもには，ほめるところがある。

ささいなことや，できて当たり前のことでも子どもに応じてほめるようにする。そして，人のいいところを見ようとする態度を，子ども達にこそ育てたい。

3　子どものやりたいことを実現する

　子ども達がやりたいことをもとに，クラスで取り組むことを決める。そして計画を立て，みんなで役割分担をして追求する。そうすることで，子ども達の自主性や責任感の育成，友だち同士の関係の深まり，クラスとして団結といったことをねらう。みんなが夢中になって取り組むときは，余計な問題が起こることはない。基本的には，子どもの自治的な活動を推進し，教師も本気になって実現のために協力する。子ども達がやってよかった，というゴールを迎えられるようにすることが大切である。

　そのときの取り組む課題は様々であるが，高学年の取り組みとして，下級生や保護者，地域の人などに喜んでもらえる取り組みがあってもよいだろう。大切なのは，子ども達のやりたいことを尊重することであるが，人に喜んでもらえることをやりたいという子どもに育てていきたいものである。

4　教室の雰囲気を大切に

　みんなが一緒にいる時間が長い場所は教室である。その教室の雰囲気を大切にするために，叱り方について触れておく。まず，you メッセージから I メッセージへの意識である。you メッセージとは，相手を主語にした表現であり，I メッセージは自分を主語にした表現である。「なんで（あなたは）ちゃんと話を聞かないの？」という言い方が「（わたしは）話を聞いてくれると嬉しいな」となる。you メッセージでは，相手を評価，非難する意味合いが強く伝わるが，I メッセージではその印象が弱まるのだ。

　子どもをよく見ようとすればするほど，「してほしくない」行動も目につくようになる。その時にいちいち注意していては教室の雰囲気は決してよくならない。時には，わかっていても「流す」ことが必要である。子どもの中には，関心を集めるために問題行動をとる子どももいる。あえて無視をすることで「してほしくない」行動を抑制し，行動が変化するのを待つ。そして，「してほしい」行動をしたときにすかさずほめるようにする。ただ，自分や他人を傷つけるような行動がある場合は，躊躇なく止めることが必要である。

　どうしても叱る必要がある場合は，別室に呼んで話すようにする方法もある。教室はみんなと楽しく学ぶ場だから，できる限り叱る場とは区別する。場所と機能を一致させることを「空間の構造化」という。また，注意や指示をするときには「CCQ の原則」というものがある。それは「近づいて（Close），穏やかに（Calm），小声で（Quiet）」ということである。指導者こそ感情をコントロールして意図を子どもに伝える工夫が必要である。

　私自身も実践している多様な方法を述べてきたが，その根底には，子どもたちを掛けがえのない存在と思う愛情が不可欠である。その心情があってはじめて知識や方法が生きてくる。

盛山学級へのエール！

学校大好きで、よく話し、よく笑う君だった！ イラストとPCも得意だったね。

運動ができ、素直で元気で友だち思い。君と会えなくなるとさみしくなるよ。

やると決めたことはとことんやる男。その陰の努力が君の本質だった。

真面目で、面白くて優しい力持ち。龍兵との漫オは、楽しかったなあ。

こだわりがあり、友だち思いの個性派。長距離走は並外れていて、かっこよかった。

みんなから認められる個性で、クラスを豊かにしてくれた。算数、楽しかったね！

リーダー的な存在として、よく頑張ったね。君の折句は忘れないよ！

正直で真っ直ぐだった。いつも楽しそうに友だちと関わり、自分たちの世界をつくっていたね。

みんなのため、困っている人のためにさっと動ける。筑波っ子の精神をもっていたね。

縄跳びや走ること、ピアノなど得意なことが多かった。努力ができる君だった。

はじけるような笑顔でクラスを元気にしてくれた。夢の応援団長、素晴らしかった！

熟慮し、悩みながらも勇気をもって自分を表現した。語り合ったこと、忘れません！

仲間を尊重し、仲間と協力する心をもっていた。だから、みんなから好かれたね。

悩みながらも自分の考えを表現し続けた。その気持ちと勇気が立派だった。

生き物が大好き。真面目さと謙虚さとユーモアがあり、仲間が増えていったね。

力がありながら控え目な態度をみんな信頼した。何でも任せられるリーダーだった。

クラスのムードメーカーの一人。いつもよく学び、友だちと仲良く遊ぶ筑波っ子。

高学年になってより積極的になった。役割を立候補する姿が素敵だった。

友だちに優しく、パソコンに詳しくて、みんなが頼りにする存在だった。

心が広くてユーモア抜群。運動大好き。かしたいとのやりとりは本当に楽しかった。

読書大好き。こつこつと努力する姿は立派でした。そして、みんなから好かれたね。

劇の演技は抜群に上手かった。この3年間でいろいろな面がぐんぐん成長したね。

友だちに優しく、みんなを受けとめてくれる存在だった。支えてくれてありがとう。

センスがよくて、教室を明るく楽しくしてくれた。のべちゃんのこと、みんなが好きだった。

友情に厚く、本質をはずさないすごい君。ただ、タックルは痛かったなー。

笑顔が絶えない君。志の強さをもった素敵な笑顔だった。ダンスも最高！

自分の考えをもってぶれないところに感心した。黒板アートの発想、本当にありがとう。

工作や数学的思考のセンスが光っていた。そして、穏やかで友だちに優しかったね。

可愛い語り口だが、鋭い思考で皆を驚かせた。教室に残って遊ぶのも好きだったね。

何事もさっとやり切る力をもっていた。文字が美しく、走ることが大好きだったね。

劇づくりのリーダーシップがすごかった。クラスの思い出を増やしてくれてありがとう！

読書や絵を描くことが好きだった。黒板アートの絵は、在校生の心に刻まれたよ。

3年間、筑波大学附属小学校という舞台で活躍する君たちを見守ってきました。君たちとの筋書きのないストーリーは、世界中のどんなエンターテインメントよりはるかに素敵で、君たちとの掛けがえのない時間を過ごすことに夢中でした。これからも仲間を大切に、未来を駆けてください。

編集後記

　『算数授業研究』誌の個人号をつくるのは，これが5度目となる。そのうち卒業生に贈る個人号は3度目。その中でも，今回は特別だった。新型コロナウイルスが猛威を振るい，筑波小の教育活動も大きな変更を余儀なくされた。6年生にとって最も楽しみであり，附属小生活の山場となる行事が次々と中止になった。空白の1年間になるのか，と思われた。

　しかし，それは間違いだった。問題があると人は考え，行動し，成長するのだ。問題を乗り越えるために皆が協力し，エネルギーを出した。子どもも教師も自立的，主体的，創造的になった。そして，「面白がる」心をもとうとした。その姿は，本書に述べられている通りである。

　この編集後記を書いている今も，子どもたちは自分たちで書き下ろした台本で，演出，衣装，撮影場所を考え，iPadを駆使して映画づくりに邁進している。私は傍らから見守るのみ。過去，これだけ主体的に行動する卒業生は見たことがない。

　子どもたちには，「マイナスをプラスに変えるぞ！」と言ってきたものの，本当にそうした子どもたちを目の前にして，感動する毎日である。子どもたちは，私を超えている。

　卒業前の忙しいときに本書を作成するのは，正直しんどい。疲れ果てて算数部室のソファに寝ころび，気づいたら真夜中ということも何度かあった。でも，半面嬉しいのだ。愛すべき子どもたちのために，へとへとになっても頑張る自分がいる。

　最後に，東洋館出版社の石川夏樹さんにお礼を言いたい。夜中の12時を過ぎて原稿を送ってもすぐに一言感想を入れて返信がくる。プロとして，本書の意味を理解してくれていた。心から感謝を申し上げたい。

　卒業式の日に，子どもたち一人一人に本書をプレゼントする。「泣くなよ，せいまる！」

盛山隆雄（せいやま　たかお）

筑波大学附属小学校 教諭。横浜国立大学大学院教育学研究科数学教育専攻修了。学習院初等科教諭を経て，現職。全国算数授業研究会　常任理事，隔月刊誌『算数授業研究』編集委員，教科書「小学算数」（教育出版）編集委員，志の算数教育研究会（志算研）代表。2011年，「東京理科大学 第4回《数学・授業の達人》大賞」最優秀賞受賞。
主な著書に，『思考と表現を深める 算数の発問』，『クラスづくりで大切にしたいこと』，『板書で見る全単元・全時間の授業のすべて 算数 小学校5年上』，『数学的活動を通して学びに向かう力を育てる算数授業づくり』，『「数学的な考え方」を育てる授業』（東洋館出版社），『盛山流算数授業のつくり方　8のモデルと24の事例』（光文書院）等。また主な編著書に，『めあて＆振り返りで見る 算数授業のつくり方』（明治図書），『11の視点で授業が変わる！ 算数教科書アレンジ事例40』（東洋館出版社）等がある。

算数授業研究特別号㉔

子どもが探究する算数の問題
── エレガントな解法を求めて

2021（令和3）年4月9日　初版第1刷発行

著　　者　盛山隆雄
発 行 者　錦織圭之介
発 行 所　株式会社東洋館出版社
　　　　　〒113-0021 東京都文京区本駒込5丁目16番7号
　　　　　営業部 電話：03-3823-9206 FAX：03-3823-9208
　　　　　編集部 電話：03-3823-9207 FAX：03-3823-9209
　　　　　振替：00180-7-96823
　　　　　URL：http://www.toyokan.co.jp
装　　幀　藤原印刷株式会社
印刷・製本　藤原印刷株式会社
ISBN 978-4-491-04463-7／Printed in Japan